로잔대회란 무엇인가?

지은이 기독교한국

기독교한국

I 복음전도의 절대성을 잃어버린 '복음주의'

II 로잔운동과 WCC

III 로잔 문제의 핵심 존 스토트

맺는 말

I

복음전도의 절대성을 잃어버린 '복음주의'

복음전도의 절대성을 잃어버린 '복음주의'

들어가는 말

"복음주의 선교는 '하나님의 선교', '선교적 교회론' 그리고 '통전적 선교'의 에큐메니컬적 선교 이해와 접근으로 만들어진 개념을 복음주의 선교로 착각하고 오해하여 '복음전도'의 절대성을 잃어 버렸다."[1]

"로잔의 독특성이 어디 있는가? 로잔 대회의 내용이 WCC와 같지 않는가? 나는 로잔이 마침내 그 정신을 잃어버렸다고 생각한다"[2]

"국제로잔대회가 3차 케이프타운 대회 이후 복음전도의 우선성이 퇴색됐다는 비판에 동의하지 않는다. 로잔운동의 비전 첫째는 복음전도다. 로잔운동 내 다양한 분과에 참여하는 모든 사역자들은 공통적으로 복음전도를 강조한다"[3]

---

1 박영환(서울신대 명예교수). 복음주의 선교의 혼란과 위기, 그 답은 무엇인가?-4차 로잔대회를 생각하며-. 복음과 선교 60.- (2022): 179-217.

2 박보경(장로회신학대학교 교수). 특집 : 로잔복음화 운동과 한국교회 ; 로잔운동에 나타난 전도와 사회적 책임의 관계. 복음과 선교 22.- (2013): 9-43.

3 문대원(대구 동신교회 담임목사, 한국로잔준비위원회 총무). "'3차 로잔대회 후 복음전도 우선성 퇴색' 비판에 동의 안 해". 기독일보. 2024.7.16.

로잔 운동은 1974년 스위스 로잔에서 시작된 세계 복음주의 진영의 연합 운동이다. 이 운동은 세계교회협의회World Council of Churches 와 함께 세계 선교의 양대 축을 이루는 운동이라 할 수 있다. 이러한 로잔은 1차 로잔대회가 열린 후 50년 즉 희년이 되는 2024년에 9월 22일부터 28일까지 송도 컨벤시아에서 교회로 하여금 함께 그리스도를 선포하고 나타내게 하라Let the church declare and display Christ together 라는 주제로 제4차 대회를 개최할 예정이며, 이 대회에는 전 세계로부터 교회 지도자 약 5천여 명이 참여할 것으로 예상되고 있다.[4]

2024년 9월 한국에서 열리는 제4차 로잔대회는 그와 관련한 논쟁이 말 그대로 뜨거웠다. 기독언론을 통한 비판과 반론 그리고 SNS를 통한 찬반양론이 기상관측사상 가장 뜨거웠던 여름을 보내고 있던 2024년의 로잔은 기독교계를 더욱 뜨겁게 달구어 놓았다.

로잔대회를 비판하며 반대하는 측에서는 로잔이 복음전파를 통한 세계복음화라는 창립 당시의 목적을 상실하였고, 사회구원을 추구하고 있는 WCC와 유사한 모습을 보이고 있으며, 심지어 종교다원주의까지 수용하였고, 신사도 운동과도 결부되어 있다는 등의 주장까지 하면서 로잔대회를 격렬하게 공격하였다.

로잔을 옹호하는 측에서는 로잔이 복음전도의 우선성을 포기한 적이 없고, 로잔이 중앙통제적인 조직이 아닌 누구라도 참여할 수 있는 열린 운동이기

4 안승오. 제4차 로잔대회를 향한 제언. 복음과 선교 64.4 (2023): 249-281.

때문에 여러 다른 의견이 있을 수 있는데 이와 같은 로잔의 특성을 이해하지 못한 반대자들이 로잔 일부에서 나오는 주장들을 로잔 전체의 정체성인 것처럼 오해하고 있다고 반박하였다. 그리고 로잔은 WCC와는 전혀 다른 노선의 순수 복음주의 운동이라는 것을 강조하면서 로잔을 비판하는 세력들에 대해 그들의 비판이 근거 없는 낭설이나 음모론 또는 오해에 의한 것으로만 치부하는 모습을 보이고 있다. 자신들은 분명 옳은 일을 하고 있는데, 억울하게 비난당하고 있는 피해자의 모습으로 스스로를 생각하고 있는 것 같다. 근거 없는 비판은 아닌데도 말이다.

"로잔 운동이 시작될 무렵 기독교계에는 자유주의 신학 성향의 분위기가 거세게 몰려오고 있었다. 가톨릭은 1962-1965년 제2차 바티칸공의회를 개최하고 다른 종교에도 구원의 가능성이 있음을 언급하고, WCC세계교회협의회는 1968년 웁살라 대회에서 선교를 인간화로 규정하고, 1973년 방콕대회에서는 선교에서 전하는 구원의 개념을 '개인 구원'에서 개인구원과 사회구원 그리고 영혼의 구원뿐 아니라 육체와 물질적인 구원을 모두 포함하는 '오늘의 구원Salvation Today' 개념으로 바꾸었다. 즉 WCC에 의해 전통적으로 2천 년 동안 수행되어 온 선교의 목표와 내용에 커다란 변화가 일어났던 것이다. 이처럼 WCC에 의해 선교가 복음운동이 아닌 사회운동으로 변질되는 경향을 보이자, 빌리 그레함과 칼 헨리 그리고 존 스토트 등을 중심으로 한 복음주의 지도자들은 복음전도 중심의 선교운동이 심각하게 훼손되고 있다는 위기감 속에서 복음주의적인 선교신학을 분명하게 선언할 국제회의의 필요성을 인식하면서 1974년 스위스 로잔에서 로잔대회를 열었다. 이러한 목적하에 탄생하였기에 이 대회는 '로잔 세계복음화 국제대회'The International Congress on

World Evangelization 라는 이름으로 열렸고, 대회 이후에는 이 운동의 지속적 진행을 위해 '세계복음화를 위한 로잔위원회' Lausanne Committee for World Evangelization 를 구성하였다. 이러한 이름들에서 나타나듯이 로잔 운동은 세계 복음화가 가장 중요한 태동 동기였고 목표였다. 즉 로잔 운동은 선교의 핵심은 '복음화'라는 관점을 가지고 태어난 운동이었다고 할 수 있다. 즉 로잔은 그 태동부터 출발 목적이 WCC의 잘못된 선교 방향에 제동을 걸고, 복음주의적인 선교 목적을 성취하고자 하는 동기에서 비롯되었던 것이다."[5]

이와 같이 로잔운동은 WCC의 비성경적 선교관에 대한 비판적 문제의식을 가진 미국과 영국의 복음주의자들에 의해 주도되어 복음주의적인 선교 목적을 성취하려는 목적으로 시작되었고, 세계복음화의 목표를 놓고 헌신한 수많은 선교사님들에게 선교의 목표와 지침을 준 운동이요 대회였다고 한다.

그러나 또한 처음 시작과 달리 회를 거듭할수록 자신들이 비판하던 WCC와 비슷한 모습으로 변해가고 있다고 우려하는 목소리도 로잔에 관여하여 왔던 인사들로부터 나오고 있다.

로잔운동의 신학적 문제점을 파헤쳐 왔던 '기독교한국'은 한국교회의 회개와 갱신을 통하여 하나님의 기쁨이요 자랑인 한국교회가 되기를 소망하는 마음으로 로잔대회 관련한 저명한 선교학자들과 신학자들의 연구 결과를 바탕으로 SNS와 기독언론의 지면을 통해 벌어진 로잔대회 비판과 반론을 분석한 결과 다음과 같은 논점을 찾아내게 되었다.

5 안승오. 제4차 로잔대회를 향한 제언. 복음과 선교 64.4 (2023): 252-253.

그것은 로잔운동의 출발시점부터 아무도 그 불의한 후과를 예측할 수 없을 정도로 합당하고 세련된 논리로 무장한 비성경적인 불의의 누룩인 '사회적 책임도 복음전도와 동등한 선교의 목적'이라는 존 스토트의 통전적 선교관이 로잔운동의 신학적 기초인 로잔언약에 뿌려진 것이 문제였다는 것이다.

1차 로잔대회에서의 이러한 시도는 빌리 그래함 등 미국 복음주의자들의 반대에 부딪혔으나 존 스토트의 강력한 주장에 밀려 결국 로잔언약에 한 조항으로 그 내용이 들어가게 되었다. 복음전도와 사회적 책임이 모두 선교의 목적이라는 이 교묘한 '총체성'이라는 이름의 작은 누룩은 로잔대회를 거듭할수록 자라나서 결국 2010년 제3차 케이프타운 대회에 와서는 로잔 자체가 WCC와 거의 유사한 모습으로 변질되는 열매를 맺게 되었다.

로잔운동에서 '사회적 책임'이 '복음전도의 우선성'을 밀어내고 로잔운동의 핵심을 차지하게 된 이 비극은 낙타가 주인을 밀어내고 텐트를 차지하게 되는 우화의 내용과 놀라울 정도로 비슷하다.

낙타가 주인의 텐트를 차지하는 법

- 경남매일 오피니언 '허성원의 여시아해' -

음흉한 낙타가 착한 주인의 텐트를 뺏어 차지하는 이야기를 들려주겠네. 낙타와 주인이 사막 여행 중에 야영을 하게 되었어. 주인이 텐트 속에 들어간 후에, 바깥 추위를 참던 낙타가 텐트 틈으로 주둥이를 들이밀고 애처롭게 말하는 거야. "주인님, 추워요. 제 코만이라도 텐트에 들여놓으면 안 될까요? " 착한 주인은 그 정도라면 물론 "그렇게 하게"라고 허용하지. 텐트 안의 온기를 마시니 바깥 추위는 더 크게 느껴지는 거야. 그래서 "주인님, 머리는 넣어도 되겠죠? "라고 하니, 착한 주인은 또 받아주고, 이어서 앞다리를 말하자 그것도 들어오게 해주었어.

낙타가 거기서 멈출 수 있을까? 몸통은 여전히 춥고, 주인의 마음씨도 여리다는 걸 알았어. 이젠 허락도 없이 몸통을 우겨넣으려 하는 거야. 주인도 위기를 느끼고 막으려 했지만, 낙타는 이미 우격다짐으로 밀고 들어와 버렸지. 얼마나 비좁고 불편하겠어? 그러자 낙타가 말하는 거야. "이 공간은 함께 쓰기엔 너무 좁군요. 둘 중 하나는 나가야 할 텐데, 당신이 좀 나가주시죠." 그러고는 몸부림을 쳐서 주인을 밀어내 버렸어. 쫓겨난 주인은 추위에 배신감까지 더해서 심신이 모두 괴로운 밤을 보내야 했지. 그뿐이 아니야. 주인을 만만하게 보게 된 낙타에게 이제 주인의 명령이 제대로 통할리 없으니, 남은 여정이 얼마나 험난할까?

이게 낙타가 주인의 텐트를 뺏어 차지하는 법이라네. 낙타에겐 통쾌한 일이겠지? 하지만 바꾸어 생각해 보게. 영악하고 뻔뻔한 낙타에게 텐트를 빼앗기고 추운 바깥에서 밤을 새야 하는 착한 주인의 억울하고도 한심한 상황을 말일세. 낙타의 텐트 빼앗기는 마케팅이나 설득의 분야에서 '한 발 들이기 전략Foot in the door strategy'이라고 부른다네. 예를 들어 특정 기업이나 집단이 지배하는 시장 즉 진입장벽이 높은 시장이 있다고 하세. 그런 시장에 처음 들어갈 때 무작정 밀고 들어가면 큰 저항에 부딪칠 수 있어. 풀

숲을 건드려 괜히 뱀을 놀라게 하는 것과 같지. 처음엔 그들이 아무 경계심 없이 허용할 만큼, 낙타가 코만 밀어 넣듯, 발끝만 아주 조금 살짝 들여놓아야 해. 그렇게 작은 교두보를 확보한 다음, 조금씩 가랑비에 옷 적시듯 야금야금 세력을 확장해 나가는 거야. 그게 낙타의 현명한 전략 아니겠나?

'한 발 들이기 전략'이 먹혀들어가는 것은 '일관성의 심리' 때문이야. 작은 요청을 들어준 사람은 그 이후에 좀 더 큰 요청을 들어줄 가능성이 높은 법이지. 낙타 주인이 낙타에게 코, 머리, 앞다리를 순차적으로 허용한 것도 그 일관성 때문이야. 자신의 행위를 스스로 부정하고 싶지 않은 심리에서 나오는 것이지. 미국 건국의 아버지 벤자민 프랭클린도 "당신에게 호의를 베푼 사람은, 당신의 호의를 입은 사람보다, 당신에게 또 다른 호의를 베풀 가능성이 높다"고 했어. 이를 벤자민 효과라 부르지.

이를 실험으로 증명한 연구가 있어. 1966년 프리드먼과 프레이저는, 사람들에게 그들의 차창에 '안전 운전'이라는 작은 스티커의 부착을 요청했지. 아주 사소한 부탁이라 동의한 사람이 많았지. 그 후에 그들의 앞뜰에 '안전 운전합시다!'라는 작은 입간판의 설치를 부탁한 거야. 어땠을까? 스티커를 부착한 사람들은 76%가 간판 설치에도 동의했어. 그런데 스티커 부착 과정 없이 바로 입간판 설치를 요청받은 사람들은 동의율이 17%에 불과했다네. '한 발 들이기'의 설득 위력이 대단하지 않은가?

내친김에 '면전에서 문 닫기 전략Door in the Face' 에 대해서도 알아두도록 하세. 낙타가 처음에 아주 무리한 부탁을 하는 거야. "주인님, 텐트에서 함께 자게 해주세요."라고 말일세. 어림없는 말이니 주인은 당연히 거절하겠지? 하지만 거절한 쪽은 약간의 미안함이 마음에 남기 마련이야. 그때 낙타가 말하지. "그럼, 머리만이라도 좀 안될까요?" 주인은 그것마저 거절하지 못하고 허용하게 되어 있어. 처음 면전에서 문을 닫으며 거절한 마음의 부담감 때문에, 좀 약해진 다음 요청에 대해서는 쉽게 문을 열게 되는 게 사람의 심리야. 그걸 '상호성의 심리'라고 한다네.

'한 발 들이기'가 일관성의 심리를 이용하여 요구를 점차 높여가며 설득하는 전략이라면, '면전에서 문 닫기'는 상호성의 심리를 자극하여 요구를 줄여가며 설득하는 전략이지. 상황에 따라 적절히 선택적으로 혹은 조합해서 써볼 수 있는 아주 실용성이 뛰어난 낙타의 가르침들이 아닌가?

이제 낙타 주인의 입장도 생각해보세. 낙타가 슬쩍 코끝을 들이밀면 어떻게 하겠나? 낙타의 그 가증스런 습성을 이미 알고 있다면, 아무리 애처롭게 사정해도 단호하게 대처해야겠지? 그 코끝을 인정사정없이 내리쳐야지. 다시는 텐트 속을 언감생심 엄두도 내지 못하도록 말일세. '호미로 막을 일을 가래로도 못 막는다'라거나, 노자가 말하는 '천길 높이의 방죽도 개미구멍으로 인해 무너진다' 등이 바로 그 가르침이 아닌가? 그렇게 확실한 의지를 보여주면, 낙타는 제 팔자를 알고 욕심을 접고 추위를 참으며 잠을 청할 것이고, 주인도 평온함 밤을 보낼 수 있어. 그리고 다음 날에도 주종관계는 변함없이 순조롭게 여행을 계속하겠지. 이처럼 리더의 지혜로운 통찰과 분명한 태도가 조직을 건강하게 지켜주는 법이라네. **그대는 낙타인가 주인인가? 텐트를 빼앗으려는가 지키려는가?**[6]

6 허성원. 낙타가 주인의 텐트를 차지하는 법. 경남매일. 2023.10.3.

총체적 선교를 주장하며 핵심사역에 대한 우선성을 인정치 않는 로잔대회

2010년 로잔대회 제3차 케이프타운 서약에서는 에큐메니컬 신학의 영향이 강하게 나타난다. 케이프타운 서약은 로잔의 신학이 더 이상 어떤 핵심이나 우선성을 인정하지 않는 총체적 신학임을 여러 곳에서 언급한다.

케이프타운 서약 1부 7장 B항에서 로잔운동의 처음 목적에 새롭게 헌신한다는 것을 언급한 바로 직후 C항에서는 "우리는 소외되고 억압받는 자들과 연대하고 그들을 지지하는 행위를 포함하여 정의를 증진하는 일에 새롭게 헌신한다. 우리는 악에 대한 이러한 투쟁을 영적 전쟁의 차원으로 인식한다"라고 말함으로써 정의를 위한 투쟁이 단순한 사회적 책임이 아니라 영적 전쟁임을 언급하면서 복음 전도와 사회 행동 사이에 어떤 구분을 두지 않고 우선성이 없음을 보여주고 있다.

제1부 10장 B항 역시 "그러므로 우리의 모든 선교에서 복음 전도와 세상에서의 헌신적인 참여가 통합되어야 하며, 이 둘은 모두 하나님의 복음에 관한 성경 전체의 계시가 명령하고 주도하는 일이다"라고 말함으로써 핵심 사역을 인정하지 않는 총체적 선교를 추구하고 있음을 보여준다.

제1부 10장은 "하나님의 선교의 모든 차원을 총체적이고 역동적으로 실천하도록 그분의 교회를 부르셨으며, 우리는 이에 헌신한다"라고 말함으로써 로

잔이 추구하는 선교가 곧 총체적인 선교임을 밝힌다.

로잔은 복음전도와 사회적 책임을 모두 하나님의 선교에 동참하는 것으로 보면서 어떤 사역에 특별한 우선성이나 중요성을 두지 않는다. 그러면서 1부 7장에서 로잔이 추구하는 총체적 선교에 대해 "총체적 선교란 복음이 예수 그리스도의 십자가와 부활을 통해 성취된 하나님의 구원의 좋은 소식이며, 그 구원은 개인과 사회와 창조세계를 위한 것이라는 성경적 진리를 분별하고 선포하고 살아내는 것이다"라고 정의한다.

이러한 로잔의 선교 정의는 확실히 복음전도에 우선성을 두었던 전통적인 선교와는 달라진 정의의며, 이 정의에는 에큐메니컬 진영의 영향이 다분히 반영된 것으로 보인다.[7]

제1차 로잔대회 전후 '사회적 책임' 논쟁과 급진적 복음주의자들의 승리

1974년 제1차 로잔대회 전후에 존 스토트 중심의 영국 복음주의자들과 남미의 급진적[제자도] 복음주의자들인 르네 빠디야, 올란도 코스타스, 사무엘 에스코바 등은 복음전도와 그리스도인의 사회적 책임을 총체적으로 이해한 반면, 빌리 그래함 중심의 미국 복음주의자들은 복음전도의 우선성과 긴박성

7 안승오. 로잔운동의 좌표와 전망. 기독교문서선교회. 2023. 74-76.

을 강조하는 문제로 논쟁을 벌였다. 로잔대회에서 사전 배포된 11개의 논문들 중 가장 큰 논쟁을 불러온 것들은 르네 빠디야의 "전도와 세계", 사무엘 에스코바의 "전도와 인간의 자유, 정의 성취추구" 그리고 올란도 코스타스가 제시한 두 편의 논문인 "심층전도"에 관한 것이었다.

남미 출신의 젊은 급진적 복음주의자들의 목소리가 로잔대회에 울려 퍼지면서 많은 참가자들의 지지를 받았고, 결국 로잔언약의 입안과정에서도 첫 번째 핵심 교리적 항목들인 하나님의 목적, 성경의 권위와 능력, 그리스도의 유일성과 보편성에 이어 복음전도의 본질[4항]과 나란히 5항에 위치하게 되었다. 로잔언약의 최종안은 존 스토트가 작성했는데, 그리스도인의 사회적 책임은 본래 7항에서 5항으로 전진배치 되었고 더욱 강한 표현을 사용했다.

존 스토트는 1975년 1월에 열린 로잔세계복음화 계속위원회에서 빌리 그래함이 주장하는 '선교를 복음전도로 국한'하려는 좁은 선교개념에 반대하여 로잔언약에 제시된 넓은 선교의 개념인 복음의 사회적 차원을 주장했다. 존 스토트는 자신의 사임을 선언하면서까지 이 부분을 강하게 주장하였고 결국 미국의 복음주의자들과 타협이 이루어졌다.[8]

이현모 교수는 존 스토트의 '현대기독교선교'를 분석하여 다음과 같이 스토트가 내린 선교의 정의를 해설하고 있다.

존 스토트는 지상 위임명령The Great Commission에 대한 새로운 해석을 하고 있다. 그는 전통적인 지상 위임령의 해석이 전도에 역점을 두었던 것과 의견을

8 최형근. 로잔운동이 한국교회에 미친 영향에 관한 연구. ACTS 신학저널 46.- 2020. 402.

달리하였다.

“지상 위임령이 단지 예수께서 전에 명하신 모든 것을마28:20 회심자들에게 가르쳐야 하는 의무를 포함하는 것에 불과하다거나, 사회적 책임이 그 명령 중에 포함되어 왔다고 말하는 것은 옳지 않다. 이제 명백한 것은 예수님의 말씀을 왜곡하는 죄를 범치 않는 한 그 위임령의 결과 뿐 아니라 그 위임령 자체가 복음적 책임과 아울러 사회적 책임까지 내포하는 것으로 이해되어야 할 것이라는 점이다.” 존 스토트. 현대기독교선교. 1975. 25.

1966년 베를린 대회에서 선교의 전통적 개념을 적극 지지했던 스토트가 1974년 로잔에서는 자신의 개념을 이와 같이 극적으로 바꾸게 된 동기는 첫째 자신의 표현처럼 1968년 웁살라 WCC총회와 1973년 방콕 CWME대회에서의 충격적인 도전과 그 이후의 논쟁들의 영향과 둘째는 바로 지상 위임명령에 대한 새로운 해석이다.

그는 5개의 지상 위임 명령 중에 예수께서 위임하신 내용을 가장 구체적으로 보여주는 것은 요한복음의 지상 위임명령이라고 주장한다. “아버지께서 나를 보내신 것 같이 나도 너희를 보내노라”요20:21. 이 구절에서 그는 교회의 선교는 성자 예수 그리스도의 선교에서부터 추론적으로 이해되어져야 한다고 보았다. 즉, 교회의 선교가 무엇인지를 이해하기 위해서는 성부께서 성자를 이 땅에 보내어서 행하게 하신 그 사역의 내용을 이해하면 된다는 것이다. 이런 관점에서 스토트는 예수의 사역을 두 가지로 정의했다. 하나는 예수는 “섬기러 오셨다는 것”이다.막10:45, 눅22:27, 빌2:5~8 즉, 예수의 사역은 to say와 동시에 to do 이며 그 말씀과 행동을 분리시키는 것은 불가능하다는 것이다. 그러므로 우리의 선교는 섬기는 선교가 되어야 한다는 것이다. 두 번째는 성육신의 원리이다. 그는 섬기기 위하여 세계속으로 보내심을 받았다는 것이다. 예수는 인간성을 지니시고 인간의 문화와 문제 가운데로 들어오셨다는 점이다. 그의 이런 강조점은 로잔언약 제6항에 잘 드러나 있다. "우리는 그리스도께서 자기의 구속받은 백성을 세계속으로 보내시되 하나님께서 자기를 보내심 같이 하시며 이것은 그와 같은 깊고 희생적인 세계속으로의 침투를 요청한다고 주장한다." 그러므로 우리의 선교도 우리가 들어가는 그 문화권내의 문제들에 대하여서 무책임한 것이어서는 안된다는 것이다.

결론적으로 존 스토트는 선교란 복음전파와 사회적 책임을 행하는 것, 양자를 다 의미한다고 정의를 내리고 있다. 복음주의 노선의 교회들이 신자의 사회적 책임을 무시한 적이 없이 강조했었지만 사회적 책임이 복음전파와 대등한 수준으로 격상되고 선교의 정의가 이 양자를 포함하는 것이라는 정의는 새로운 것이었다. 또 스토트는 복음전도와 사회행동social action 은 서로 동반자로서 서로에게 소속되어 있으면서도 서로에게 독립적이라고 주장하였다. 양자는 각기 다른 한편의 수단이거나 그것의 표현도 아니다. 각기 그 자체가 하나의 목적이 된다....

존 스토트는 선교란 "교회가 이 세계 속으로 보냄을 받아서 해야 할 모든 것을 묘사하는 말"이라고 정의내린다. 다시 정의해보면 스토트가 정의한 선교의 개념은 '복음전도와 그리스도인의 사회적 책임 둘 다'를 말하는 것이며

이 양자는 대등한 동반자이되 복음전도가 우선순위를 가진다는 것이다.[9]

이와 같이 WCC의 선교개념에 영향을 받은 존 스토트에 의한 '선교'의 정의는 모순적이고 억지스럽다. 스토트는 1차 로잔대회를 기점으로 '복음전도가 곧 선교'라고 하는 전통적 선교개념을 버리고, 복음전도와 사회적 책임 둘 다를 선교라고 정의하였다. 복음전도와 사회적 책임이라는 양자가 대등하고 서로에게 소속되어 있지만 독립적이고, 그러나 그럼에도 '복음전도가 우선순위를 가진다'라고 하는 모순된 말을 하고 있는 것이다. 대등하고 독립적이지만 복음전도가 우선일 수가 있는가? 그것은 사회적 책임과 사회행동을 복음주의 진영의 선교의 목적으로 삼기위한 변명이요 포장일 뿐이다. 복음주의 진영의 선교의 개념을 '통전적, 총체적 선교'개념으로 바꾸어 결국은 복음전도의 우선성마저 포기해 버리고, WCC 에큐메니칼 진영과 유사하게 되어버린 오늘날의 로잔대회와 복음주의의 모습을 만든 원인 제공자는 바로 존 스토트였다.

급진적 복음주의자들에 의한 사회적 책임의 강조

1차 대회의 결과물인 로잔언약 5항에서 교회의 사회적 책임이 전도의 필수적 부분임을 천명했음에도 불구하고 로잔 내부에서 로잔이 여전히 사회적 행동에 대해 충분한 관심과 표명을 하지 않았다고 불만스러워하는 자들이

9 이현모. 선교의 개념 정의에 대한 분석. 복음과 실천 16, no. 1. 1993. 282-304.

있었는데 이들은 사회적 책임에 대한 더 강한 진술문을 원했다.

교회의 사회적 책임에 로잔이 더 깊은 관심과 행동을 취해야 한다고 생각하던 급진적 복음주의 그룹은 로잔 안에서 자신들의 모임Caucus 을 갖고 "로잔에 대한 우리의 반응"A Response to Lausanne 으로 불리는 문서를 작성했는데 1차 대회의 공식적 문서인 로잔언약의 문구보다 2배의 분량이었다. 이 그룹, 그리고 이들이 내어놓은 문서로 인해 세계복음화라는 목표를 가진 로잔의 태동 정신은 위협을 받게 되었고, 이런 분위기로 말미암아 마닐라 선언문에서 '그리스도인의 사회적 책임'이라는 표현은 여러 차례 반복되었고 '성육신적 선교'Incarnational Mission개념이 등장하기에 이르렀다.

우리는 하나님의 사랑을 구체적으로 표현하되, 정의와 인간의 존엄성, 그리고 의식주의 문제로 어려움을 당하고 있는 사람들을 돌아봄으로써 그 사랑을 실천적으로 입증해야 한다. 마닐라 선언문 8항

우리는 정의와 평화의 하나님의 나라를 선포하고, 개인적이든 구조적이든 모든 불의와 억압을 고발하면서, 예언자적 증거에서 물러서지 않을 것을 단언한다. 마닐라 선언문 9항

참된 선교는 언제나 성육신적이어야 한다. 참된 선교를 위해서는 겸허하게 그 사람들의 세계에 들어가서 그들의 사회적 현실, 비애와 고통 그리고 압제 세력에 항거하며 정의를 위해 투쟁하는 그들의 노력에 동참할 필요가 있는 것이다. 개인적인 희생 없이는 선교가 이루어질 수 없다. 마닐라 선언문 2부 4항

우리는 이 세상의 가난한 자들과 고통받는 자들을 사랑한다… 가난한 자들에 대한 이러한 사랑은, 우리가 자비와 긍휼을 베푸는 것만이 아니라, 가난한 사람들을 억압하고 착취하는 모든 것들을 폭로하고 반대하는 행위를 통해 정의를 실천할 것을 요구한다. 우리는 악이 존재하는 모든 곳에서 악과 불의를 고발하는 것을 두려워하지 말아야 한다. 이러한 점에서 우리는 하나님의 열정을 함께 나누고, 하나님의 사랑을 구현하며, 하나님의 성품을 반영하고, 하나님의 뜻을 행하는 데 실패했음을 부끄러움으로 고백한다. 우리는 소외되고 억압받는 자들과의 연대 책임과 그들을 응원하는 것을 포함해 정의를 촉진하는 일체의 사역에 새롭게 헌신할 것을 다시 한번 다짐한다… 우리의 모든 선교적 상황은 우리가 살아가는 세상, 곧 죄와 고통과 불의와 창조질서의 파괴로 가득 차 있는 세상이다. 하나님은 그리스도를 위해 그런 세상을 사랑하고 섬기도록 우리를 보내신다. 그렇기 때문에 우리의 선교는 복음전도와 사회참여가 통합된 형태 여야 한다. 우리가 선포하는 구원은 개인과 사회전체를 변화시켜야 하는 통전적인 복음이다… 통전적 선교는 복음을 선포하는 것인 동시에 복음을 실천하는 것이다. 우리는 하나님이 부르신 그분의 교회에 대한 총체적이고 역동적인 활동의 모든 선교적 차원에 헌신한다. 케이프타운 서약 1부 10항

3차 케이프타운서약에서 교회의 사회적 책임 이슈는 더욱 발전 강조되어 '총체적 선교' Holistic Mission **개념으로 일 진보했다.**

현재 로잔 홈페이지 https://lausanne.org/our-legacy '로잔운동의 유산' 3항 '통전적 선교'에서 로잔이 추구하는 선교를 다음과 같이 서술하고 있다.

3. 통전적 선교: “제1차 로잔대회는 복음전도와 사회정의 모두가 선교사역에 필요하다고 역설했습니다. 두 명의 라틴 아메리카 신학자인 사무엘 에스코바Samuel Escobar와 르네 빠디야Rene Padilla 는 이에 관해 가장 분명한 목소리를 냈습니다. 로잔대회의 이런 강조는 당대 복음주의자들의 사고에 중대한 인식 변화를 끌어냈으며, 1974년 로잔대회로 인해 총체적-혹은 전인적 - 선교개념이 오늘날 널리 수용되었습니다.”

남아공 케이프타운에서 열린 3차 로잔대회의 주제는 “그리스도 안에서 세상을 자기와 화목하게 하시는 하나님” 이었는데 그리스도인의 책임이 교회만이 아닌 교회 밖 세상의 모든 나라, 모든 지역, 모든 영역에 있음을 강조한 것이었다.

케이프타운서약은 총체적 선교를 그리스도인의 의무로써 확증하고 강조하였다: 우리는 복음 전도와 사회정치적 참여 모두가 그리스도인의 의무임을 확증한다. 총제적 선교는 복음을 선포하는 것이며 복음을 드러내는 것이다. 이는 단순히 복음 전도와 사회참여가 나란히 이루어져야 한다는 뜻이 아니다. 그보다도, 총체적 선교 안에서 우리가 사람들의 모든 삶의 영역에서 사랑과 회개를 행하도록 요청하기 때문에, 우리의 선포가 사회적인 모습을 지니게 된다. 그리고 우리가 예수 그리스도의 변화시키는 은혜를 증거하기에 우리의 사회참여가 복음전도의 모습을 지니게 된다. 우리가 세상을 무시한다면 우리를 보내시는 하나님의 말씀을 거역하는 것이다. 우리가 하나님의 말씀을 무시한다면 우리가 세상에 가져다줄 것은 아무것도 없다. 서약, 10B

2차, 3차 대회를 거치면서 로잔운동의 선교개념에 대한 변화가 감지되었는데 이는 로잔 내부에서 급진적 복음주의 그룹들[예를 들면 남미의 신학자 오란도 코스타스, 르네 빠디아, 사무엘 에스코바 등]은 교회의 사회적 책임에 관한 내용이 충분치 않다며 자신들의 신학적 입장을 꾸준히 그리고 강력하게 주장해온 결과 때문이다.[10]

이렇게 정치 사회운동 지향적인 모습으로 변해가는 로잔운동의 변질에 대하여 안타까워하고 있는 한국성서대 김승호 교수는 로잔이 창립당시의 목적으로 돌아가 순수 복음운동에 매진할 것을 다음과 같이 주문하고 있다.

"연구자 또한 변하는 세상을 향해 변하지 않는 복음을 전하기 위해 지난 49년 동안 로잔운동의 공헌과 기여를 높이 평가하면서도, 로잔이 태동할 때 본래 목적을 되찾아 복음의 선포를 확장시켜 세계복음화를 성취하는 참된 순수 복음운동으로 회복되길 고대한다. 대회가 거듭될 때마다 로잔 내부의 다양한 이해 집단들이 자기주장을 펼쳐 현재 로잔은 너무 많은 선교과제로 인해 '복음전도'라는 우선순위와 핵심 사명을 상실해가고 있음을 우려하며 로잔이 1960년대 WCC의 변질된 모습을 재현하는 불행의 전철을 밟지 않기를 원한다. 1974년 태동할 때 로잔이 꿈꾸는 비전은 복음선포를 통한 세계복음화이었고 예수 그리스도께서 다시 오시는 순간까지 복음전도의 우선순위를 붙잡길 원한다."

10 김승호. 동성애와 차별금지법에 대한 로잔운동(Lausanne Movement)의 신학적 입장에 대한 고찰 -4차 대회 선언문 작성을 위한 한국교회 역할을 위한 제언. 복음과 선교 64.4 (2023): 60-62.

로잔 '복음 우선' 포기했나?… "운동 약화될 가능성 커"

안승오 교수[영남신대 선교신학]는 '로잔이 말하는 총체적 선교의 의미와 전망'이라는 제목의 논문에서 로잔운동은 총체적 선교를 추구하면서 복음의 우선성을 상실하게 되고 이것은 복음화의 약화, 선교 개념의 혼동, 그리고 로잔운동 자체의 약화로 이어질 것으로 전망했다.

로잔운동은 2천년대 들어서면서부터 '총체적 선교'Integral Mission라는 용어를 적극적으로 사용해오고 있는데 그 개념이 불분명하며, 에큐메니칼 진영의 '통전적 선교'Holistic Mission와 잘 구별되지 않는다는 것이다. 로잔의 '총체적 선교'라는 용어의 태동 배경에는 비슷한 용어인 '통전적 선교'라는 용어가 놓여있다. 즉 통전적 선교 개념의 영향으로 총체적 선교가 나타났다고 할 수 있다.

'통전적 선교'는 제5차 WCC세계교회협의회 나이로비 총회에서 그 모습을 드러내었고 나이로비 총회는 에큐메니칼 진영과 복음주의 진영이 서로 선교의 개념을 두고 논쟁이 심한 가운데 해결책의 한 방안으로 복음전도와 사회적 책임이 통합적 관계를 이루어야 함을 강조하면서 통전적 선교 개념을 제시했다. 에큐메니칼 진영의 통전적 선교 개념은 로잔 진영의 선교 개념에도 상당한 영향을 미치게 되었다.

로잔 진영 내 급진적 제자도를 주장하는 사람들의 영향으로 로잔은 점차적으로 '복음전도의 우선성'으로부터 복음전도와 사회적 책임을 동등하게 보는 방향으로 나아갔다. 2000년에 들어서면서부터 로잔 진영은 통전적 선교신학을 좀 더 적극적으로 수용하는 경향을 보였다.

1974년 스위스 로잔에서 열렸던 제1차 로잔대회 당시 '로잔언약'에서 '그리스도인의 사회적 책임'은 제5항에 등장한다. 그 핵심 내용은 "물론 사람과의 화해가 곧 하나님과의 화해는 아니며 또 사회 참여가 곧 복음전도일 수 없으며 정치적 해방이 곧 구원은 아닐지라도, 우리는 복음전도와 사회 정치적 참여는 우리 그리스도인의 의무의 두 부분임을 확언한다"는 내용이다. 이와 같이 로잔언약은 복음전도의 우선성을 말하면서도 총체적 선교의 물꼬를 터놓고 있었다.

그 후 로잔은 복음전도의 우선성을 견지하면서도 전도의 우선성보다는 전도와 사회적 책임의 총체성을 강조하는 방향으로 조금씩 이동하는 경향을 보여 왔다. 복음전도의 우선성과 연관하여 로잔은 크게 대략 3단계를 거치면서 우선성에 대한 인식 변화를 거쳐 왔다.

로잔 1차 대회의 경우 사회적 책임을 논하고 있지만 '교회가 희생적으로 해야 할 일 중에서 복음 전도가 최우선'이라는 말을 로잔언약 6항에서 언급함으로써 복음전도가 가장 우선적이며 핵심적인 사역임을 언급했다. 로잔의 1단계는 총체성을 일정 부분 인정하면서도 복음전도의 우선성에 대해서는 분명한 입장을 지녔다.

그런데 2차 대회인 1989년 필리핀 마닐라 대회에서는 '복음의 우선성과 선교의 총체성을 동시에 다 견지하는 입장을 지닌다.

그러다가 3차 대회인 2010년 남아프리카공화국 케이프타운 대회에 와서는 복음전도의 우선성을 거의 상실하게 되었다. 복음전도의 우선성은 사라지고 총체적 선교만 남게 된 것이다. 케이프타운 대회가 복음전도를 언급하기는 하지만 로잔과 마닐라에 나타났던 복음전도의 긴급성과 이를 위한 헌신과 같은 말을 찾아볼 수 없게 되었다. 이 3차 로잔대회는 '정의를 위한 투쟁'을 영적 전쟁 즉 선교사역으로 묘사하면서 '사회행동이 곧 선교'라는 도식을 가지고 복음전도와 사회행동 사이의 구분을 없애고 둘 사이의 어떤 우선성을 인정하지 않게 되었다.

이처럼 총체적 선교를 추구하면서 우선성을 약화시킬 때 어떤 결과가 나타날까? 그것은 바로 복음화의 약화로 이어질 수 있다. 이것은 단순한 추측이 아니라 에큐메니칼 진영의 학자조차도 인정하는 바이다.

로잔이 결코 양보할 수 없는 정체성과 핵심 과제는 바로 세계복음화였다. 하지만 제1차 로잔대회 이후 45년의 세월이 흐르면서 로잔은 어떻게 바뀌었는가? 로잔은 본래 처음부터 가졌던 복음의 우선성을 포기하고 있다. 만약 로잔마저 WCC처럼 총체적 선교라는 허울 아래 복음전도에 대한 헌신을 약화시킨다면 세계복음화의 사명은 누가 감당할 것인지 묻지 않을 수 없다. 세계복음화의 과제는 그리 쉬운 일이 아니다. 모든 것을 다 드리고 헌신해도 결코 쉽지 않은 일이다. 그런데 선교의 목표를 총체적으로 잡고 세상의 섬김과 함께 행한다고 하면 과연 그 일이 달성될 수 있을지 의문이다. 복음이 약화되면 교회가 약화되고 교회가 약화되면 교인들이 줄어드는 것이고 그렇게 되면 교인들의 연합기구인 로잔 역시 약화될 것은 명약관화한 일이다.

총체적 선교 개념으로 로잔운동 자체가 약화될 가능성이 높다면 이것은 심각하게 고민을 해야 할 문제가 아닐 수 없다. 한발씩 양보하고 타협하고 본질을 흐리게 하면 결국 핵심이 무너지는 것이다. 적어도 로잔운동이 살아 있어야 로잔이 세상을 섬길 수 있다. 로잔 자체가 사라지고 나면 세상을 섬기는 것도 불가능하다. 그러기 위해서는 적어도 복음전도의 우선성만은 결코 양보해서는 안 될 것이다.[11]

'총체적 복음' 개념의 난맥상:

복음을 부끄러워하고 변질시키는 탈복음화의 길을 걷게 되다

'총체적 복음' 개념은 신복음주의자들이 중도적 입장을 표방하면서 '복음'과 '에큐메니즘'을 모두 포섭하기 위한 일종의 제3의 길을 모색하는 과정에서 부각되었다. '총체적 복음'은 '복음'에는 말씀과 함께 행위가 있어야 한다는 것이 그 요지인데, 이 개념을 내세워 WEA세계복음주의연맹는 WCC의 에큐메니칼 신학에 동화되고 로마 가톨릭이 제2차 바티칸회의 이후 내세운 '익명의 기독교anonymous Christianity' 혹은 '알려지지 않은 그리스도Unknown Christ' 개념에 동조하면서 점차 '복음'을 부끄러워하고 변질시키는 '탈복음

11 김진영. 로잔 '복음 우선' 포기했나?. 기독일보. 2023.11.1.

화'의 길을 걷게 되었다.

2012년 10월에 WEA 신학위원회는 "총체적 복음의 의의와 총체적 복음에 대한 성경적 명령"에 대한 새로운 성명서를 준비하였다. 이는 "새로운 복음화 the New Evangelisation"를 강조하는 제2차 바티칸회의 50주년에 즈음해서 마련되었다. 그 성명서의 제목은 "복음주의: 복음적 신앙의 특징"이었다.

여기서 주장된 "총체적 복음화 holistic evangelisation"는 복음 자체보다 문화적이거나 종교적인 대화, 종교 탄압, 개종, 인권, 해방 등에 대한 문제를 의식하고 현실적 대처방안을 모색하는 데 우선권을 두게 되었고, 결과적으로 복음의 절대성과 유일성이 상대화되거나 완화되어 세속화, 혼합화, 다원화의 길을 열어 주는 우를 범하게 되었다. 이는 WEA가 WCC 및 로마 가톨릭과 동승하면서 예견된 필연적 결과였다.[12]

다음과 같이 로잔운동과 WEA 세계복음주의연맹는 긴밀한 관계를 맺어 왔다. 선교운동인 로잔은 '총체적 선교'라는 개념을, 교회연합기구인 WEA는 '총체적 복음'이라는 개념을 수용하여 동일한 신학사상을 공유하고 있다.

---

12 문병호. WEA 신복음주의 신학과 에큐메니칼 활동 비판: WCC에 편승하여 로마 가톨릭과 신학적 일치를 추구하고 포용주의, 혼합주의, 다원주의로 나아감. 신학지남 88.2 (2021): 93-94.

로잔과 WEA의 관계

1. 로잔운동의 태동에 있어서의 WEA의 역할

(1) 로잔운동의 결성을 WEF[WEA의 전신]가 주도하였다.

박용규[총신대 교수, 역사신학]: 빌리 그래함과 WEF[세계복음주의협회, WEA의 전신]가 주축이 되어 결성된 1974년 로잔세계복음화대회는 복음전도와 사회적 책임 모두가 교회에 주어진 사명이라는 사실을 분명히 천명하여 새로운 선교방향을 제시하였다...빌리 그래함과 빌리 그래함 전도협회는 영국의 존 스토트와 함께 로잔운동을 시작했다. 빌리 그래함 만큼 로잔운동에 영향을 끼친 인물은 없다... 빌리 그래함은 1950년 "결단의 시간" 방송을 시작했고, 1956년 "크리스천니티 투데이" 매거진을 창간했으며, WEF 결성, 1974년 1차 로잔대회, 1989년 마닐라 2차 로잔대회, 그리고 2010 케이프 타운 제 3차 로잔세계복음화대회를 견인했다.[13]

(2) 가톨릭과의 일치를 위한 물꼬를 트기 위해 만들어진 로잔대회

문병호[총신대 교수, 조직신학]: WEA[WEF]는 그 출범부터 복음화의 신학적 패러다임을 수립하는 데 주력하였다. 그 중심에 1968년에 모임이 시작된 신학위원회TheologicalCommittee가 있었다. 당시 로마 가톨릭은 제2차 바티칸회의(1962-1965년)에서 공표한 자기들의 '열린 입장'이 WEA[WEF]의 '복음화' 개념에 부합한다며 그것을 수용할 것을 대외적

13 박용규. ICCC, WCC, 그리고 WEF/WEA (세계복음주의연맹)의 역사적 평가. 신학지남 85, no. 1 (2018): 191-275.

으로 압박하였다. WEA[WEF]가 그 응수로서 마련한 것이 1974년 스위스 로잔에서 개최된 제1차 세계복음화 국제대회The First International Congress on World Evangelization였다. 여기서 영국 성공회 사제이자 신학자인 존 스토트John Stott가 초안의 심사위원장으로 참여한 전체 15항목으로 된 로잔언약Lausanne Covenant이 채택되었다. 로잔언약은 '복음화'의 종말론적 지평을 환기시키며 교회와 그리스도인의 사회적, 문화적, 정치적 책임을 극적으로 부각시켰다. 로잔언약은 WCC의 에큐메니칼 신학에 맞상대하면서 채택되었지만, 결과적으로 이를 계기로 WEA는 로마 가톨릭의 제2차 바티칸회의와 이에 기민하게 반응한 WCC에 의해서 조성된 당시의 조류에 휩쓸리게 되었다.[14]

2. 성경의 상황화 개념 수용, 신복음주의적 성경관을 공유

(1) 문병호[총신대 교수, 조직신학]: WEA 신복음주의자들은 성경 텍스트text에 기록된 하나님의 말씀 자체보다 콘텍스트context에 적용된 의미에 치중하여 상황화contextulization,혹은 토착화를 중점적으로 거론하였다. '성경의 상황화' 혹은 '복음의 상황화'는 그들이 로잔언약Lausanne Covenant에서 내건 최고의 기치였으며, 이를 매개로 WCC 에큐메니칼주의자들과 접촉점이 마련되었다. 그 과정에서 '복음주의자들evangelicals'과 '에큐메니칼주의자들ecumenicals'의 구별이 점차 모호해졌다. 신복음주의자들의 이러한 성경관은, 실존주의 해석학에 영향을 받아 성경 자체

14 문병호. WEA 신복음주의 신학과 에큐메니칼 활동 비판: WCC에 편승하여 로마 가톨릭과 신학적 일치를 추구하고 포용주의, 혼합주의, 다원주의로 나아감. 신학지남 88.2 (2021): 64-65.

가 아니라, 성경이 독자에게 부딪혀 형성되는 의미를 계시라고 보는 칼 바르트Karl Barth와 에밀 브룬너Emil Brunner를 비롯한 신정통주의자들에게도 통로를 열어 주게 되었다.[15]

(2) 조종남[서울신대 전총장, 선교학]: 로잔은 신학을 전통적인 복음주의적 신학의 토대 위에서 시작하되, '세계복음화' 라는 관심과 '오늘의 선교'라는 상황Context에서 다루었으며 '이 과업에 새롭게 헌신하려는 자세'에서 이루어졌다. 이것이 로잔신학의 매력이기도 하다. 이런 면에서 로잔언약은 과거의 복음주의 신학의 반복이 아니라 거기에서 진일보한 것이며, 나아가 살아있는 선교신학을 개진한 것이다.[16]

3. 각종 행사의 공동 주최

(1) 1980년 하이레이 대회[단순한 삶에 관한 대회']
박보경[장신대 교수, 선교학] : 1980년 3월 17일부터 21일까지 영국의 호데스돈의 하이레이에서 "단순한 삶에 관한 대회" Consultation on Simple Lifestyle 대회가 열렸다. 이 대회는 85명의 참가자가 29개국을 대표하여 참여하였는데, 공동의장으로 로잔위원회의 존 스토트John Stott와 세계복음주의협회[WEF, WEA의 전신]의 로날드 사이더Ronald Sider가 선출되어 대회가 진행되었다. 그리고 이 대회를 통해 발표된 선언문은 "단순한 삶

15 문병호. WEA 신복음주의 신학과 에큐메니칼 활동 비판: WCC에 편승하여 로마 가톨릭과 신학적 일치를 추구하고 포용주의, 혼합주의, 다원주의로 나아감. 신학지남 88.2 (2021): 62.

16 조종남. 로잔운동의 역사와 신학. 선교횃불. 2013. 80-81.

에 대한 복음주의적 헌신” Evangelical Committment to Simple Lifestyle이라는 제목이 붙여졌으며, 로잔특별보고서Lausanne Occasional Paper 20번으로 채택되었다.[17]

(2) 1982년 그랜드래피즈 대회 공동후원

박보경 교수: 1982년 6월 19일부터 25일까지 미국 미시간 주의 그랜드래피즈에서 중요한 대회가 열렸다. 이 대회는 복음주의 진영 안에서의 전도와 사회적 책임의 관계를 규명하고 전도의 우선성이라는 표현 속에 담겨있는 의미를 심도 있게 다루고자 열렸다. 이 대회는 로잔세계복음화위원회와 세계복음주의연맹WEA이 공동으로 후원하였다.[18]

(3) 제3차 로잔대회 공동 주최

안희열[침신대 교수, 선교학] : 2010년 남아프리카공화국 케이프타운에서 열린 제3차 로잔대회는 1, 2차 대회와 달리 대회 운영을 로잔위원회와 WEA가 공동 주최하였다. 로잔 3차 대회에 참석한 WEA 총재인 제프 터니클리프Geoff Tunnicliffe는 세계복음주의연맹 WEA와 로잔위원회의 협력은 역사적인 사건이며 이 대회를 계기로 두 기구가 향후 하나님의 나라와 교회를 위해 협력해 나갈 것이라고 밝혔다.[19]

---

17 박보경. 특집: 로잔복음화 운동과 한국교회; 로잔운동에 나타난 전도와 사회적 책임의 관계. 복음과 선교 22. 2013. 15.

18 박보경. 특집: 로잔복음화 운동과 한국교회; 로잔운동에 나타난 전도와 사회적 책임의 관계. 복음과 선교 22. 2013. 18.

19 안희열. 로잔 운동이 세계 선교에 끼친 공헌과 한국 교회가 나아가야 할 방향. 선교와 신학 27 .2011. 122.

II

로잔운동과 WCC

로잔운동과 WCC

WCC의 길을 뒤따르고 있는 로잔대회

4차 로잔대회가 한국에서 열리기로 되어있던 2024년의 새해 초 기독일보에는 '로잔대회 복음주의 이탈해 에큐메니칼로 흐르나'라는 제목의 기사가 게재되었다.

기독일보[20] 로잔대회 '복음주의' 이탈해 '에큐메니칼'로 흐르나

> 제4차 로잔대회가 올해 9월 한국에서 열리는 가운데, 국내 복음주의권에서 이번 로잔대회가 성경의 절대성과, 예수 그리스도의 유일성, 그리고 복음전도의 우선성을 강조해야 한다는 목소리가 나오고 있다. 로잔대회는 1974년 스위스 로잔에서 처음 열린 이후 1989년 필리핀 마닐라에서 제2차 대회가, 2010년 남아프리카공화국 케이프타운에서 제3차 대회가 각각 열렸다. 그리고 첫 대회 후 50년이 지나 이번에 한국에서 제4차 대회를 앞두고 있다.
>
> 로잔대회는 에큐메니칼 선교에 대비되는, 복음주의 선교를 대표하는 것으로 인식되고 있다. 김성욱 교수[총신대 선교학]에 따르면 제1차 로잔대

20 김진영. 로잔대회 '복음주의' 이탈해 '에큐메니칼'로 흐르나. 기독일보. 2024.01.03.

회는 세계교회협의회WCC의 급진적 에큐메니칼 선교론에 대한 철저한 복음주의적 선교론을 정립하는 대회였다. 즉, 에큐메니칼의 그것이 사회책임과 타종교와의 대화 등으로 경도되면서 복음과 전도의 우선성을 약화시켰다는 문제의식에서 출발한 것이 바로 로잔대회였다. 제1차 대회에서 나온 '로잔언약'이 서두에서 성경의 권위와, 예수 그리스도의 유일성, 그리고 '그리스도를 구세주와 주로 선포하는' 전도의 본질을 강조한 이유도 이 때문이다.

한편 로잔언약은 '그리스도의 사회적 책임' 또한 언급하고 있는데, 복음주의권에서는 이것이 '로잔'의 독특성으로 종종 회자되곤 한다. 문제는 이 같은 사회적 책임이 대회를 거듭하면서 점점 더 강조돼, 제1차 대회에서 그에 앞서 선언됐던 성경의 권위와 예수 그리스도의 유일성, 복음전도에 대한 것과 동일하게 다뤄지거나 어떤 면에서는 더 강조되는 듯한 경향도 보인다는 것이다.

제4차 로잔대회 한국준비위원회가 최근 소개한 김은수 교수[전주대 선교학]의 논문 '케이프타운 서약과 로잔문서의 선교적 성찰'에 따르면, '성경해석학'과 관련해 제1차 대회 당시 '로잔언약'은 '전혀 오류가 없으며', '정확무오'함을 강조하는 성경관이었다.

이후 제2차 대회의 '마닐라 선언'에서는 하나님의 '구속행위'와 '선교'를 강조했고, 제3차 케이프타운 서약은 '인간 저자들'이 전제되고 이것을 '하나님의 말씀'으로 받아들인다고 고백한다고 김 교수는 설명했다. 특히 케이프타운 서약은 "성령께서 하나님 백성의 마음을 조명하셔서 성경이 모든 문화권의 사람들에게 신선한 방식으로 하나님의 진리를 계속해서 말씀하게 하시는 것을 기뻐한다"고 함으로써 성경을 각 문화권에서 그들에게 '신선한 방식'으로 계속 해석해야 함을 말한다고 김 교수는 전했다. 김 교수는 "로잔은 성경의 권위를 계속 인정하되 문화적 컨텍스트에서 읽고 해석하고 전파한다는 선교적이고 진전된 성경해석으로 나아가고 있다"고 설명했다. 또 '예수 그리스도의 유일성'에 대해 케이프타운 서약은 "'종교다원주의의 압력 아래 그리스도의 유일성에 대한 우리의 믿음을 타협하도록 유혹'받고 있음에도 이 고백을 분명히 한다"고 김 교수는 전했다. "하지만 서약의 행동요청[제C항]은 '타종교인들과의 대화가 의미 있는 활동임을 확언'하며, '대화는 기독교 선교의 일부로서 타당한 것'으로 인정함으로써 오늘날 다원주의에 대한 도전을 매우 심각하게 받아들임과 동시에 다원화된 종교상황에 유연하게 대처하고 있음을 알 수 있다"고 했다. 김 교수는 이를 "유연한 대처"로 평가했지만, 자칫 '유일성'의 약화로 이어질 수 있다는 비판 제기도 가능한 부분이다. 아울러 김 교수는 "복음주의 선교신학은 그리스도의 재림을 늘 강조한다. 하지만 그 빈도나 강조는 점차 약해지고 있는 것도 사실"이라며 "제2차 로잔대회의 주제가 '그리스도께서 다시 오실 때까지 그를 선포하라'였던 것에 비해 제3차 로잔대회에서는 그리스도의 재림이 거의 부각되지 않았다"고 했다.

특히 전도와 관련해 케이프타운 서약은 "선교의 모든 차원을 총체적이고 역동적으로 실천"하게 하는 '통전적 선교'integral mission 개념으로 발

전했고, 전도의 우위성primacy of Evangelism이라는 표현을 배제했다"고 김 교수는 전했다. 그에 따르면 로잔은 '전도의 우위성'을 주장함으로써 신학적 오해를 가져올 뿐 아니라 정의와 평화를 위한 하나님 나라의 능력을 드러내는데 장애가 된다고 보았다. 또한 다양한 사회적 변화와 과제를 실천하려는 '하나님의 선교'의 통전적 차원을 상실하게 되며, 성경적 윤리의 실천이 없는 '하나님 백성의 선교'는 불가능하기 때문이라는 게 김 교수의 설명이다.

이에 대해 안승오 교수[영남신대 선교신학]는 3차 대회가 "정의를 위한 투쟁을 영적 전쟁 즉 선교사역으로 묘사하면서 '사회행동이 곧 선교'라는 도식을 가지고 복음전도와 사회행동 사이의 구분을 없애고 둘 사이의 어떤 우선성을 인정하지 않게 된다"고 했다. 안 교수는 "이처럼 총체적 선교를 추구하면서 우선성을 약화시킬 때 어떤 결과가 나타날까? 그것은 바로 복음화의 약화로 이어질 수 있다는 점"이라고 했다.

김은수 교수에 따르면 케이프타운 로잔대회는 사회적 문제와 이슈들을 선교적 과제로 삼았다. "우리는 HIV와 에이즈를 안고 살아가는 사람들에 대한 모든 정죄와 적대감, 오명, 그리고 차별을 거부하고 고발"하며, 이슈가 되고 있는 동성애에 대해서도 "그들을 올바로 이해하고 다루기 위해 노력"할뿐 아니라 "동성애자에 대한 모든 형태의 증오, 언어적 물리적 학대와 낙인 행위를 거부하고 정죄한다"고 확언했다고 한다. 그런데 이런 내용은 사실 복음주의 선교의 주된 관심사는 아니라는 게 선교신학자들의 견해다. 동성애자와 관련한 서약의 내용도 최근 사회적 논란이 되고 있는 '포괄적 차별금지법'과 결부될 수 있다는 점에서 문제의 소지가 있다는 지적이다.

이처럼 로잔대회가 애초의 '복음주의evangelical'에서 이탈해 점점 '에큐메니칼ecumenical'로 흐른다는 우려가 제4차 한국 로잔대회를 앞두고 커지고 있다. 안승오 교수는 "로잔이 결코 양보할 수 없는 정체성과 핵심과제는 바로 세계복음화였다"며 "하지만 45년 정도의 세월이 흐르면서 로잔은 어떻게 바뀌었는가? 로잔은 본래 처음부터 가졌던 복음의 우선성을 포기하고 있다"고 했다. 이에 국내 많은 복음주의자들이 참여할 것으로 예상되는 한국대회에서 다시 성경의 절대성과, 예수 그리스도의 유일성, 그리고 복음전도의 우선성이 강조돼야 하고 이런 내용이 문서로 도출될 필요가 있다고 복음주의 선교신학자들은 입을 모은다.

이 기사를 통하여 알 수 있는 로잔 이슈의 핵심은 '총체적 선교' 개념의 채택으로 인해 로잔이 본래 표방하던 '복음의 우선성'이 포기되었다는 것이다. 이로 인하여 로잔이 WCC와 같은 에큐메니칼로 흐른다는 우려가 커지고 있다는 것이다. 그리고 그 근저에는 무오성과 관련한 '성경관'의 문제도 있음을 알 수 있다.

한국성서대학교의 김승호 교수는 2023년 5월 기독일보에 기고한 '복음주의 선교운동 로잔이 나아갈 방향에 대한 고찰'을 통해 로잔운동에 대하여 다음과 같은 가슴 아픈 분석을 내놓은 바 있다.

김승호 교수[21] "로잔의 독특성이 어디에 있는가? 대회의 내용이 WCC와 무엇이 다른가? 로잔이 마침내 그 정신을 잃어버렸다". 1974년 로잔운동은 인간중심으로 흐르는 에큐메니컬선교에 대한 위기의식에서 비롯되었다. 하나님 중심보다는 인간중심으로, 하나님의 관심보다 인간적 관심으로, 영적차원보다는 인간적 차원으로 나아가는 에큐메니컬선교를 우려하며 '교회가 할 일은 바로 복음을 전하는 일'임을 확언한 복음주의자들에 의해 시작되었다.... 이와 같이 1960년대 에큐메니컬 선교의 잘못된 선교에 위기의식을 느껴 태동한 로잔운동의 현재는 어떠한가? 3차례의 대회를 치르는 동안 로잔이 점점 '인간 삶의 전 영역을 선교의 대상' 으로 삼으므로 처음 태동할 때 '세계복음화' World Evangelization라는 확고하게 정했던 최우선순위가 약화되고 있음을 우려하지 않을 수 없다.... 현재 로잔 내부에서도 로잔이 정했던 '전도의 우선순위' Priority of Evangelism가 약화되는 것에 대해 우려의 목소리가 나오고 있다. 안승오는 "로잔은 2010년 케이프타운대회 이후 로잔이 태동기에 지녔던 복음전도의 우선성과 긴급성을 상실하고 선교의 목표에 모든 것을 같은 중요도로 포함하는 통전적 선교를 추구하면서 에큐메니컬 진영의 선교와 별반 차이가 없는 성향을 보인다는 점"을 우려한 바 있다. 케이프타운대회에 참가한 한 참석자는 로잔의 변화를 목격하며 "로잔의 독특성이 어디에 있는가? 대회의 내용이 WCC와 무엇이 다른가? 로잔이 마침내 그 정신을 잃어버렸다"라고 탄식한 바 있다. 세계복음화를 위한 운동으로서 자기 정체성을 지닌 로잔이 1-2차 대회까지는 전도와 사회적 책임의 관계에 있어서 복음전도가 우선성을 지닌다고 천명하였으나, 그 입장이 로잔 3차 대회 이후 서서히 변화하여 복음전도가 우선으로 인식되지 않고 있다.

21 김승호. 복음주의선교운동 로잔이 나아갈 방향성에 대한 고찰. 기독일보. 2023.5.27.

김승호 교수는 안승오 교수의 논문 등을 인용하여 로잔운동에서 복음전도의 우선성이 공식적으로 포기된 시점이 바로 2010년 3차 케이프타운대회라고 하고 있다. 케이프타운대회에 참석했던 한 참가자의 "로잔의 독특성이 어디에 있는가? 대회의 내용이 WCC와 무엇이 다른가? 로잔이 마침내 그 정신을 잃어버렸다" 라는 탄식이 그것을 한마디로 잘 대변해 주고 있는 것이다.

2010년 케이프타운대회를 기점으로 로잔운동은 선교에 있어서 WCC의 에큐메니컬 진영과 별반 차이가 없게 된 것이다. 복음전도를 통한 영혼구원이라는 성경적 지상 목표가 사회정의, 반전 평화, 환경보호 등의 가치들과 동등하게 되어버린 것이다. 예를 들어 환경보호 활동도 선교가 된 것이다.

한편 광신총동문회[대표회장 맹연환 목사]에서도 2024년 6월25일 로잔대회의 문제점을 지적하는 성명서를 발표하고 이어 기자회견을 열어 복음전도의 우선성 퇴조와 사회적 책임을 강조하는 로잔대회에 대해 우려를 제기하였다.

– 광신총동문회 성명서 –

성경의 가르침과 다른 로잔대회 신학을 우려하며 2024년 제4차 로잔대회 개최에 대한 우리의 입장을 다음과 같이 표명한다.

우리는 국제 로잔대회가 선교의 근본 목적을 사람들의 영혼을 구원하는 복음전도라고 주장하면서도 실상은 소위 총체적 선교 개념을 내세워 사회적 책임을 더 강조하여 복음전도의 우선이라는 선교의 본질을 훼손하고, 종교 간의 대화를 시도하려고 하고 있어 심한 우려를 표명한다.

또한 전세계 복음주의 교회들이 동성애 등을 반대할 신앙의 자유를 차별로 몰아 억압하는 포괄적차별금지법 제정에 대하여 침묵으로 일관하며 외면 해온 입장에 대해서도 큰 의문을 가지고 있다.

우리는 국제 로잔이 당초 설립취지인 복음주의신학에서 크게 벗어나고 있는 이유는 국제로잔이 '성경 전체가 하나님의 말씀으로 정확 무오하다'는 복음주의적 확고한 성경관을 채택하는 것이 아니라 성경 전체는 기록된 하나님의 유일한 말씀으로 그 모든 가르치는[단언하는] 것인지 여부의 판단에 주관이 할 수 있게 하는 모호한 성경관으로 복음주의자들로 자처하지만 실제로는 성경의 완전무오성을 믿지 않는 자유주의 신학을 따르는 자들이 대거 합류할 수 있게 한 데서 비롯된다고 판단한다.

이에 우리는 한국에서 2024년 제4차 로잔대회가 개최되는 것과 관련하여 우리의 입장을 다음과 같이 표명한다.

하나. 우리는 로잔대회 선교 신학이 복음전도를 통한 영혼 구원이라는 선교의 본질에서 벗어나 사회 윤리운동으로 변질되었다는 점을 우려하며, 국제 로잔은 성경적 선교인 복음전도의 우선성을 회복할 것을 촉구한다.

하나. 로잔대회는 현재의 모호한 성경관 진술이 실제로는 반복음주의적인 자유주의자들의 합류할 통로가 되고 있으므로, 성경관 진술을 전통적인 완전무오성진술인 '모든 성경은 하나님 말씀으로 정확무오하다' 라로 수정하고, 이를 선교신학의 기초로 삼을 것을 촉구한다.

하나. 로잔대회는 그리스도의 구원의 유일성을 확인하고, 타종교를 무분

별하게 용납하거나 타종교인에 대하여 성경적 전도를 하는 것을 억압하는 잘못된 입장을 즉각 중단할 것을 촉구한다.

하나. 우리는 로잔대회가 동성애와 성전환을 정당화하고 이를 반대하는 것을 법으로 금지시키며 복음주의 교회들을 억압하고 있는 차별금지법 제정에 대해 침묵하고 있는 것에 대해 심각한 우려를 표명한다. 한국의 복음주의 교회들은 동성애자 차별을 반대하면서도 동성애 반대의 자유를 억압하는 차별금지법을 지난 17년간 연합하여 분열 없이 강력하게 반대해오며 차별금지법 제정을 저지하고 있는바, 로잔대회도 한국교회가 추진해오고 있는 차별금지법 제정 반대운동에 동참하여 줄 것을 강력히 촉구한다.

광신총동문회의 비판적 입장 역시 로잔의 복음전도의 우선성 퇴조와 모호한 성경관의 문제에 대한 것이었고, 로잔이 WCC와 같이 개종전도 금지와 다원주의로 흐를 가능성을 경고하며 여기에 차별금지법에 대한 로잔의 그간의 외면을 비판한 것이었다.

안승오 교수[22] 로잔신학이 처음 시작되는 1974년 로잔언약에서는 복음전도에 우선순위를 두었다가 2010년 3차 케이프타운 서약을 계기로 총체성을 추구하게 되었다. 전통적인 선교는 선교의 목표를 '세계복음화'로 잡고 이를 위한 방법으로 복음전도에 우선 순위를 두는 것이었다. 물론 전통적인 선교가 복음 전도만을 한 것은 아니고 각종 구제 사역, 병원 사역, 학교 사역 등의 사역

22 안승오(영남신학대 교수). 로잔운동의 좌표와 전망. 기독교문서선교회. 2023. 112-126.

을 병행하였지만 여전히 복음화를 위한 가장 핵심적인 사역은 역시 복음 전도였기 때문에 복음 전도에 우선순위를 두었던 것이 사실이다.

그런데 에큐메니컬 진영의 경우는 하나님의 선교 개념 탄생 이후 1975년 나이로비 대회 정도까지 복음화 대신 인간화를 선교의 목표로 삼고 선교의 방법도 세계를 인간화할 수 있는 다양한 방법들을 추구하였다...그러나 이후 에큐메니컬 진영은 우선순위를 지양하고 통전성을 추구하는 선교의 방향을 추구하게 되었다. 이러한 통전적 접근은 이론적으로 보면 상당한 설득력과 논리성을 지닌 것으로 보인다. 어느 한쪽으로 치우치지 않고 양쪽 모두를 균형감 있게 추구한다는 점에서 상당한 설득력이 있는 것으로 다가온다.

로잔 진영은 처음 태어날 당시만 해도 에큐메니컬 진영의 인간화에 우선순위를 둔 선교 방향에 대한 반발로 시작되었지만, 에큐메니컬 진영이 통전적 방향으로 나아가는 것에 영향을 받아 로잔 진영 역시 점차 통전적 방향으로 나아간 것으로 보인다. 로잔언약은 복음 전도의 우선 순위가 명확했지만 2차 마닐라 로잔 대회로 가면 복음 전도와 함께 사회적 책임이 상당히 강조되었다.

그 후 2천년대에 들어서면서부터 로잔도 점차 통전적 방향으로 나아갔는데, 2000년 파타야 대회로부터 로잔의 총체적 선교에 대한 변화가 강하게 나타났다. 제3차 로잔 대회의 케이프타운 서약에 와서는 로잔 신학이 선교의 방법 뿐만 아니라 목표에 있어서도 우선순위를 인정하지 않는 총체성을 공식적인 입장으로 보이고 있다.

영남신대 안승오 교수는 WCC가 사회구원만이 아닌 개인구원을 동등하게 추구하는 '통전적 선교'를 지향함에 따라 로잔대회도 복음전도와 사회적 책임을 대등한 선교적 목적으로 삼는 '총체적 선교' 개념을 추구하게 되어 두 진영간에 유사한 모습이 되어가는 것을 이야기하고 있다. WCC와 로잔이 비슷해져 가는 것이다.

안승오 교수[23] 로잔은 WCC에 의해 세계 복음화의 과제가 심각한 위협을 받고 있다는 위기감 속에서 탄생하여 세계 복음화를 그 무엇보다 강조한 운동이었다. 이것은 로잔운동의 명칭에서도 볼 수 있는데, 로잔대회의 명칭은 '로잔 세계복음화국제대회' 또는 '세계복음화를 위한 로잔위원회' 등으로 명명되었다. 즉, 로잔이 결코 양보할 수 없는 정체성과 핵심 과제는 바로 세계 복음화이다. 하지만, 로잔은 2천년대에 들어오면서부터 복음 전도의 우선성을 양보하고 WCC가 추구하던 인간화나 샬롬 등을 선교의 동등한 과제로 포함하면서 WCC의 뒤를 따라가는 모습을 보인다.

위 논문에 주장하는 것과 같이 로잔이 복음전도의 우선성을 양보하고 WCC가 추구하던 인간화, 샬롬 등을 선교의 동등한 과제로 놓고 WCC의 뒤를 따라가고 있다는 것이다.

WCC의 비성경적 선교관에 대한 반발로 시작된 복음주의 진영의 선교운동인 로잔대회가 이제는 WCC와 선교관이 유사해졌으며 선교를 위해서라는 명분으로 WCC와 일치와 협력까지 추구하고 있다. WCC가 회개하고 복음적으로 성경적으로 변화되었다면 타당한 일일 것이다. 그러나 WCC는 변한 것

23 안승오(영남신학대 교수). 로잔운동의 좌표와 전망. 기독교문서선교회. 2023. 314-315.

이 없다. 오히려 1991년 바아르선언을 통하여 WCC는 종교다원주의를 받아들여 명백한 비성경적 단체임을 표방하고야 말았는데도 말이다.

로잔운동을 탄생시킨 주역들은 존 스토트를 비롯한 통전적 선교주의자들이었고, 존 스토트는 1968년 WCC 웁살라 대회에 자문위원으로 참여하면서 WCC의 통전적 선교개념에 영향을 받게 되었다. WCC의 급진적 선교관에 반대하면서 출범했다고 하는 로잔운동이 출발부터 WCC의 통전적 선교개념을 받아들이다니 이런 모순이 어디 있는가? 이러니 오늘날 WCC와 비슷한 모습을 보이고 있는 것이 아니겠는가?

아래 글은 로잔측 학자인 안희열 교수의 '로잔운동이 세계 선교에 끼친 공헌과 한국교회가 나아가야 할 방향'에서 인용하였다. 안희열 교수는 로잔 탄생의 주역이 존 스토트와 풀러 학파 등의 '통전적 선교' 그룹임을 알려주고 있다.

'우선은 선교=복음전파'라는 전통적 선교개념을 여전히 고수하는 자들이 있었다. 피터 바이어하우스Peter Beyerhaus가 그 대표적인 인물이라 할 수 있다. 그 외에 빌리 그래함과 세대주의학파 신학교인 달라스 신학교가 여기에 속한다. 피터 바이어하우스는 1970년 프랑크푸르트 대회에서 '우리는 우리 시대에 관한 사회 정치적인 분석과 비기독교적 세계의 요구에 의하여 선교의 본질과 임무를 결정하는 현재의 경향을 반대한다.'고 주장했다. 그러나 이 시점에 '선교 = 복음전파 + 사회적 책임'이라는 통전적 선교 개념을 주장하는 새로운 그룹이 등장하기 시작했다. 그 대표적인 인물이 바로 존 스토트이다.

스토트 신부외에 풀러 학파 교수들이 이 그룹에 속한다. 스토트는 1968년 WCC가 주최하는 웁살라 대회에 자문위원으로 참여하면서 복음주의자들의 사회적 책임이 무척 미약하다는 사실을 발견하게 되었다. 그의 탁월한 성경 해석 제시와 온화한 성품은 많은 복음주의자들로 하여금 통전적 선교 개념을 수용토록 하는 데 결정적 기여를 하게 되었다. 하지만 선교의 우선순위는 항상 복음전파에 있음을 강조하였다. 마침내 1974년 제1차 로잔대회에서 발표된 로잔언약에서 "전도와 사회-정치참여는 우리 그리스도인의 의무의 두 부분임을 인정한다"고 발표하여 통전적 선교 개념이 복음주의자들에게 퍼져 나가기 시작했다. 제1차 로잔대회는 빌리 그래함, 존 스토트 그리고 풀러 학파 교수진들 - 도널드 맥가브란Donald A. McGavran, 찰스 크래프트Charles H. Kraft, 랄프 윈터Ralph D. Winter, 피터 와그너C. Peter Wagner, 아더 글래서Arthur F. Glasser - 이 주축이 되어 1974년 7월 16일부터 25일까지 스위스 로잔에서 열렸다."[24]

3차 대회에 와서 복음전도의 우선성을 배제하게 되는 신학적 기초는 이미 1차 대회 로잔언약에서 놓인 것이다. '사회적 책임'도 선교의 목적이라는 그 문제의 로잔언약 조항말이다.

남미의 해방신학적 신학을 가진 급진적 제자도를 추구하는 르네 파딜라[르네 빠디야], 사무엘 에스코바 등에게, 이미 WCC 총회의 자문위원 활동을 통하여 통전적 선교에 깊이 감명을 받은 바 있던 존 스토트가 결정적 영향을 받게 되었던 것이다. '총체적 선교'라는 개념이 로잔언약에 '사회적 책임'이라

24 안희열. 로잔 운동이 세계 선교에 끼친 공헌과 한국 교회가 나아가야 할 방향. 선교와 신학 27.-.2011. 116-117.

는 이름으로 장착이 되고 이는 곧 진보적 복음주의, 또는 운동권 복음주의가 탄생하게 되는 출발선이 된 것이다.

장신대 박보경 교수는 그 과정을 아래와 같이 설명하고 있다.

르네 파딜라[르네 빠디야]의 총체적 선교는 남미의 사회정치적 상황안에서 탄생하였다. 이 견해는 교회의 임무로서의 전도와 사회적 책임이 비행기의 두 날개와 같이 동시적으로 필요하며, 이 두가지 의무는 서로 구분되는 것이 아니라는 점을 강조하는 관점이다. 이 견해는 1974년에 처음으로 로잔세계복음화대회에서 세계복음주의 진영에 르네 파딜라[르네 파디야]에 의해서 소개되었다. 이후 복음주의 진영안에서 꾸준히 그 목소리를 내었고, 마침내 2000년이 넘어서면서 세계복음주의 진영안에서 무시할 수 없는 중요한 신학적 흐름으로 자리를 잡게 되었다.

파딜라가 제안하는 총체적 선교란 "복음전도와 사회적 행동이 기독교선교의 근본적인 사역으로서 이 둘은 서로 분리 불가능하다는 점을 주장하는 견해"이다. 여기서 사용하고 있는 총체적integral이란 말은 남미지역에서는 전체Wholeness를 의미할 때 사용하는 용어이다. 이 단어의 의미가 주는 이미지는 통밀빵에 비유될 수 있는데, 마치 통밀빵의 내용물을 나누어 말하지 않듯이, 교회의 선교도 복음의 선포와 사회적 행동을 나눌 수 있는 것이 아니라고 주장하는 견해이다. 이 견해는 로잔선언문에서 처음 등장한 5항과 6항의 긴장관계를 배경으로 하는데, 즉, 교회의 두가지 의무인 복음전도와 사회정치적 참여 중에서 복음전도가 우선적이라는 입장에 반대하는 것이다.

르네 파딜라[르네 빠디야]의 총체적 선교가 세계 복음주의 진영안에서 주목받게 된 것은 존 스토트의 영향이 컸다. 존 스토트는 파딜라의 견해를 따라 "전도와 사회적 책임은 새의 두 날개와 같다"라고 언급하였는데, 이 표현은 원래는 파딜라의 표현, "전도와 사회적 책임은 비행기의 오른쪽 날개와 왼쪽 날개 사이에서 어느 것이 더 중요한가를 묻는 질문과도 같다"에서 비롯되었다. 존 스토트가 교회의 사회적 책임을 강조하게 된 것은 그가 1974년 로잔 세계복음화대회가 열리기 6개월 전에 세계 복음주의 기독학생회의 후원으로 당시 남미지역 총무로 있었던 르네 파딜라와 함께 남미의 다양한 지역을 여행하면서였다. 이때 방문한 곳 중의 하나가 당시 칠레의 정치범수용소도 포함되었다. 이때 군부정권에 의해 고문당하는 정치범들의 모습을 보면서 비서구지역의 사회정치적 문제가 결코 교회의 선교적 과제와 무관할 수 없다는 인식이 점차 싹터 오를 수 밖에 없었다.[25]

2010년에 있었던 케이프타운 제3차 로잔대회의 결과물은 로잔이 WCC의 길을 가고 있음을 명백히 보여주었다. 케이프타운 대회는 로잔이 1차와 2차 대회까지 견지해 오던 '전도의 우선성'을 포기하였다. 전도와 사회적 책임을 대등한 지위로 올려 놓은 것이다.

결국 존 스토트와 르네 파닐라[르네 빠디야], 사무엘 에스코바, 로날드 사이더 등 급진적 제자도 추종자들에 의해 견인되고 중도적 지지자들의 추종 그리고 대다수의 순수했지만 그러나 무지했던 복음주의자들의 방관가운데 로잔운동은 그 시초부터 '총체적 선교'를 잉태하였고, 결국 36년의 세월이 흐

25 박보경. 르네 파딜라(Rene Padilla)의 총체적 선교 연구. 복음과 선교 46.- (2019): 199-231.

르고 존 스토트의 계승자 크리스토퍼 라이트에 의해 작성된 2010년 케이프타운 서약문에서 복음전도의 우선성은 사실상 포기되고 '총체적 선교'가 로잔의 왕세자로 등극하게 된 것이다.

WCC의 '통전적 선교'와 다를바 없는 '총체적 선교'를 공식화 한 것이다. 그리고 복음전도와 사회적 책임을 대등하게 한 것도 모자랐는지 케이프타운대회에서 로잔은 선교의 사회적 책임을 극단적일 정도로 강조하였다. 사회적 약자들에 대한 억압과 착취에 저항하여 공의를 구현하는 것과 생태학적인 관심과 보살핌을 다하는 것도 선교의 사명이라고 강조되었으며, 타종교를 용납하고 회심을 강요하지 말 것이라는 WCC와 다를 바 없는 내용까지 강조되어 복음 전도에 수반되는 개종 요구 자체가 강요라는 취지로 비난받기까지 하였다.[26]

로잔대회가 이런 지경에까지 타락한 것을 대다수의 복음주의적 한국교회는 전혀 모르고 있다는 것이 매우 안타깝다.

---

26 조영길, 소윤정. 국제로잔의 총체적 선교 개념과 차별금지법에 관한 침묵에 대한 한국교회의 복음적 대응. 복음과 선교 64.4. 2023. 196.

로잔의 열매

운동권 복음주의의 확산과 한국복음주의 진영의 좌경화

"로잔 운동의 가르침은 그를 더욱 적극적인 사회 참여로 이끌었다. 이후 남북나눔운동과 성서한국 등의 단체에서 활동하며 로잔 정신을 실천해 나갔다. 남북나눔운동에서는 분단된 한반도에서 평화와 화해를 추구하며, 복음의 메시지를 실천하는 데 집중했다. 성서한국에서는 복음주의 신앙의 사회적 책임을 강조하며, 젊은이들이 사회 정의와 평화의 가치를 실현할 수 있도록 돕는 역할을 했다. 이 모든 활동이 로잔 운동에서 비롯된 '총체적 선교'의 실천이었다. 구 목사는 "한국은 세계에 유례없는 로잔 정신에 따른 구체적이고 자생적인 실천 영역과 단체들을 30년째 수없이 만들어냈다"고 강조했다. 그는 "이라크 파병, 한반도 평화, 용산 참사, 세월호 참사, 이태원 참사 등 크고 작은 시국 상황마다 복음주의 교회와 단체, 개인들이 참여할 수 있었던 것도 이미 깊이 스며든 로잔 정신이 아니면 불가능했을 것"이라며, 로잔 운동이 한국 교회와 사회에 미친 실질적인 영향력을 설명했다...."

로잔운동에 의해 한국교회에 뿌려진 '사회적 책임', '총체적 선교'라는 씨앗이 한국 교회에 어떠한 열매를 맺어 왔는가 보여주는 기사이다.

'"벼락같은 선물이었죠" 우리가 미처 몰랐던 로잔의 영향' 이라는 제목의 국민일보 기사는 이승장, 구교형 목사가 그간 자신들이 로잔에 의해 영향 받고 가르침 받아 행해왔던 사역을 알려주고 있다. 이승장, 구교형 목사가 누구인가? 이른바 진보 기독교진영의 잘 알려진 대표적 활동가들이 아닌가? 민감한 시국현안들마다 왼편에선 이들의 이름과 목소리는 빠진 적이 없었던 것으로 기억한다. 이들을 그길로 인도하고 그 신학적 근거를 마련해 준 것이 바로 로잔이었다고 밝히고 있는 것이다. 그리고 한국교회 복음주의 진영의 이념적 좌경화에 큰 영향을 미친것이 바로 로잔이었다는 것을 말하고 있다. 이런 사실 앞에서 스스로를 신앙적 이념적 보수라고 여기고 있는 분들이 로잔에 참가하고 지지하는 것에 대해서 비판적으로 반성적으로 돌아보아야 할 때라고 생각한다.

"너희는 믿지 않는 자와 멍에를 함께 메지 말라 의와 불법이 어찌 함께 하며 빛과 어둠이 어찌 사귀며 그리스도와 벨리알이 어찌 조화되며 믿는 자와 믿지 않는 자가 어찌 상관하며 하나님의 성전과 우상이 어찌 일치가 되리요 우리는 살아 계신 하나님의 성전이라 이와 같이 하나님께서 이르시되 내가 그들 가운데 거하며 두루 행하여 나는 그들의 하나님이 되고 그들은 나의 백성이 되리라 그러므로 너희는 그들 중에서 나와서 따로 있고 부정한 것을 만지지 말라 내가 너희를 영접하여 너희에게 아버지가 되고 너희는 내게 자녀가 되리라 전능하신 주의 말씀이니라 하셨느니라"고후6:14-18

아래는 해당 기사의 관련 부분이다. 천천히 일독을 권한다. 로잔의 '총체적 선교'개념이 바로 이러한 열매를 맺은 것이다.

"벼락같은 선물이었죠" 우리가 미처 몰랐던 로잔의 영향

로잔의 산증인과 후예가 전하는 '나와 한국교회, 그리고 로잔'.... 로잔 운동이 한국교회에 어떤 변화를 가져왔는지 조명......캠퍼스 학생운동의 대부로 잘 알려진 이승장 목사(82) [전 학원복음화협의회 상임대표]는 한국교회에서 로잔 운동의 역사를 몸소 경험한 몇 안 되는 로잔 운동의 산증인이다. 이 목사는 1972년, 트리니티신학교 전도학 교수였던 폴 리틀Paul E. Little, [1928~1975]과의 만남을 통해 로잔 운동을 처음 접했다.

당시 대학생성경읽기회UBF에서 간사로 활동하며 캠퍼스 학생운동을 이끌던 이 목사는, 로잔대회 참여를 독려하기 위해 한국을 방문했던 폴 리틀의 수행 비서 역할을 했다. 한경직[1902~2000] 당시 영락교회 목사의 사택에서 폴 리틀과 한 목사 간의 대화에 배석해 로잔 대회의 목적과 성격에 대해 직접 듣는 기회도 얻었다. 그는 "복음 전도에 전념하던 내게 로잔 운동의 존재는 '벼락같은 선물'이었다"고 회상했다. 그해 봄, 말레이시아 국제복음주의학생연합IFES 수양회에서 만난 복음주의 운동의 거장 존 스토트John Robert Walmsley Stott, [1921~2011] 목사도 그에게 로잔 운동과 복음주의에 대한 이해를 더 해줬다.

이 목사는 "책과 설교 테이프를 들으며 흠모하던 존 스토트의 사도행전 강해와 강해 설교 워크숍에 참여할 기회를 얻었다"며 "이후 성서유니온 대회에 함께 가는 택시 안에서 무려 네 시간 이상 존 스토트와 대화를

나눴다. 이 경험이 나의 이후 사역에 깊은 영향을 미쳤다"고 밝혔다. 이 목사는 로잔 언약과의 만남을 통해 자신이 그동안 복음 전도에만 치우쳐 있음을 깨달았다고 했다. 그는 "로잔 언약 제5장 '그리스도인의 사회적 책임' 대목을 읽다가 '그래, 바로 이거야!'라며 크게 공감할 수밖에 없었다"고 했다. 당시 교회와 선교단체는 독재나 사회적 부조리에 담대하게 맞서지 못하고 개인의 구원과 경건 훈련에만 집중하고 있었다. 이 목사는 이 언약이 복음 전도와 함께 사회 정의와 평화를 추구해야 한다는 사실을 일깨웠고 이를 통해 자신의 신앙과 사역을 재정의하게 됐다고 했다.

이 목사뿐 아니라 로잔 대회 이후 여러 교회와 선교단체가 복음 전도와 사회적 책임을 함께 실천할 필요성을 인식했다. 하지만 여전히 이 정신이 충분히 자리 잡지 못한 경우가 많았다. 이 목사는 "교회가 성장과 경영에만 몰두한 결과, 온전한 복음과 총체적 선교라는 로잔의 정신을 실현하기 어려운 현실이 있었다"고 진단했다. 로잔 언약을 소개하고자 했던 이 목사의 열정은 이후 '소리'지라는 잡지를 통해 구체화됐다. 그는 1984년 소리라는 무크지를 발간하며 로잔 언약을 한국교회에 처음으로 소개했다. 당시 신군부 독재 시대였던 한국에서는 로잔 언약이 거의 알려지지 않은 상황이었다. 이 목사는 "미국 교회에서 시작된 로잔 대회였지만, 영국과 제3세계 지도자들이 주도권을 행사했기 때문에 한국교회에서는 그리 주목받지 못했다"며 소리지를 통해 로잔 언약을 소개하고자 했던 이유를 설명했다.

성서한국 이사장인 구교형 목사는 로잔 운동의 정신을 이어받아 실천해

온 인물이다. 1980년대 대학 시절, 구 목사는 독재 정권 아래에서 기독 청년으로서의 정체성을 고민했다. 구 목사는 "당시 한국 사회에 민주화의 열망이 불타오르던 시기였다"며 "청년들은 신앙을 정치·사회적 상황 속에서 어떻게 정의해야 할지 혼란스러워했다"고 전했다. 구 목사도 이러한 시대적 고민에서 자유롭지 못했다. "독재의 억압 속에서 신앙이 단순히 개인적인 영역에 머물러야 하는지 아니면 사회적 책임을 다해야 하는지 명확하지 않았죠."

그는 로잔 운동을 통해 '총체적 선교'라는 개념을 처음 접했다. 이 개념은 복음 전도와 사회적 책임을 함께 추구하는 신앙의 방향성을 제시했고, 이를 통해 구 목사는 자신의 신앙을 근본적으로 재정의하게 됐다. 새로운 인식은 곧바로 그의 사역에도 반영됐다. 구 목사는 신대원을 졸업한 후 경제정의실천시민연합[경실련]에서 간사로 활동하며 로잔 정신을 실천했다. 로잔 운동의 가르침은 그를 더욱 적극적인 사회 참여로 이끌었다.

이후 남북나눔운동과 성서한국 등의 단체에서 활동하며 로잔 정신을 실천해 나갔다. 남북나눔운동에서는 분단된 한반도에서 평화와 화해를 추구하며, 복음의 메시지를 실천하는 데 집중했다. 성서한국에서는 복음주의 신앙의 사회적 책임을 강조하며, 젊은이들이 사회 정의와 평화의 가치를 실현할 수 있도록 돕는 역할을 했다.

이 모든 활동이 로잔 운동에서 비롯된 '총체적 선교'의 실천이었다. 구 목사는 "한국은 세계에 유례없는 로잔 정신에 따른 구체적이고 자생적인 실천 영역과 단체들을 30년째 수없이 만들어냈다"고 강조했다. 그는 "이라크 파병, 한반도 평화, 용산 참사, 세월호 참사, 이태원 참사 등 크고 작은 시국 상황마다 복음주의 교회와 단체, 개인들이 참여할 수 있었던 것도 이미 깊이 스며든 로잔 정신이 아니면 불가능했을 것"이라며, 로잔 운동이 한국 교회와 사회에 미친 실질적인 영향력을 설명했다....[27]

WCC가 아니라 로잔이 뿌린 씨앗의 열매이다. 복음주의적 선교단체에서 열성적으로 복음전도와 선교 활동을 하던 복음주의적 학생들이 로잔이 가르친 '총체적 선교' 개념에 감화되어 복음전도와 사회적 책임이 상호 독립적이고 대등한 선교의 목적이라 여기고, 정치 사회변혁운동에 뛰어들었던 것이다.

'운동권 복음주의자'들이 무수히 탄생하게 된 계기가 바로 로잔이었다는 것을 생생한 사례로 밝혀 주고 있는 것이다. 오늘날 한국교회 목회자들과 성도들의 이념지형이 좌편향으로 일그러지게 된 원인은 WCC보다 오히려 로잔의 선교이념과 가르침에 있었음을 부인하기 어려울 것이다.

또한 로잔은 동성애 차별금지법으로 고통당하는 세계교회의 현실에는 눈을 감고 입을 가렸으나, 동성애자에 대한 증오를 거부하고 정죄한다는 단호한 표현을 선포하여 현저히 균형을 잃은 태도를 취했다. 그리고 WCC가 추구해 온 정의, 평화, 창조질서의 보전이라는 '하나님의 선교' 슬로건과 완전히 동

27 손동준. "벼락같은 선물이었죠" 우리가 미처 몰랐던 로잔의 영향. 국민일보. 2024.9.1.

일한 내용을 케이프타운 서약문에 삽입하여 WCC에큐메니칼 진영과의 협력과 일치를 추구하고 있음을 보여주고 있다. 이번 대회 뿐만 아니라 WCC와 로잔은 시대별 대회의 주제가 같았고, 사회적 이슈를 선교의 과제로 공동 인식하고 있었다.

로잔의 하나님의 선교Missio Dei 개념 수용의 문제

복음주의를 표방하면서 출범한 로잔운동이 결코 양보해서는 안되는 정체성과 핵심 과제가 바로 '세계복음화' 이다. 그러나 로잔운동은 2천년대에 들어서면서 복음 전도의 우선성을 양보하고, WCC가 추구하던 인간화, 샬롬 등을 선교의 동등한 과제로 포함하면서 WCC의 뒤를 따라가는 모습을 보이고 있다.[28] 참으로 안타까운 일이 아닐 수 없다. 그렇다면 복음주의 로잔운동이 왜 이렇게 WCC와 유사하게 변질이 된 것일까?

그러한 변질의 원인가운데 가장 중요한 것은 바로 로잔의 신학 때문이라고 할 수 있다. 로잔운동의 신학적 입장은 제1차 로잔대회에서 발표된 로잔언약에 기초하고 있다. 그리고 그것이 2차 로잔대회의 마닐라선언문에서 보완되었으며, 제3차 로잔대회 케이프타운서약에서 재확인되고 적용되었다.[29]

서울신대 조종남 박사는 로잔언약에 기초한 로잔의 신학이 WCC의 신학을

28 안승오. 세계선교를 위한 로잔운동의 기여방향. ACTS 신학저널 35. 2018.4. 165.

29 조종남. 로잔운동의 역사와 신학. 선교횃불. 2013. 79.

배격하고, 전통적 복음주의에서 출발하고 있다고 하면서도, 로잔의 선교신학은 '하나님의 선교'Missio Dei에 입각해 있다는 것을 그의 책 '로잔운동의 역사와 신학'에서 밝히고 있다.

그런데 문제가 되는 것은 이 '하나님의 선교'Missio Dei 신학이 WCC가 채택한 비성경적 선교개념이라는 것이다. 로잔측은 로잔의 '하나님의 선교'는 WCC의 '하나님의 선교' 개념과 다르다고 주장하고 있지만, 이는 근거가 박약한 억지일 뿐 이 둘 사이에 다른 것은 없다.

'하나님의 선교' 개념은 전도를 통한 영혼구원을 목적으로 하는 것이 아니라, 이 세상의 구조악 해결을 통한 정의, 평화 등의 구현을 선교의 목적으로 삼고 있다. 이 개념의 수용으로 인하여 WCC도 사회구원 활동에 집중하게 된 것이다.

오늘날 로잔운동이 WCC와 비슷한 모습을 보이고 있는 원인 중의 하나가 바로 이 '하나님의 선교' 개념을 수용한 것이다.

안승오 교수[30] 기독교 선교의 양대 진영이라 할 수 있는 WCC와 복음주의 진영인 로잔은 본래 세계선교에 대하여 대조적인 관점을 지녀 왔는데, 2천년대[2010년 케이프타운대회 이후]에 들어서는 상당히 공통된 경향을 나타내 보이고 있다.

30 안승오. 세계선교를 위한 로잔운동의 기여방향. ACTS 신학저널 35. 2018.4. 165.

로잔운동의 신학적 입장은 제1차 로잔대회 때 발표된 로잔언약The Lausanne Covenant에 기초하고 있다. 그리고 그것이 마닐라선언문The Manila Manifesto에서 보완되었으며, 케이프타운서약The Cape Town Committee : A Confession of Faith and a Call to Action에서 재확인되고 적용되었다.[31]

로잔언약과 제2차 로잔대회 마닐라 선언문의 주설계자는 영국의 신학자이자 목회자인 존 스토트였고, 제3차 로잔대회 공식문서인 케이프타운 서약의 주 설계자도 존 스토트의 후계자인 신학자로서 세계적인 영향력을 미치는 크리스토퍼 라이트Christopher Wright였다. 로잔운동은 신학적으로는 영국의 영향이 지배적이었고, 조직과 실행에 있어서는 미국이 주도했다.[32]

조종남 박사는 로잔언약에 기초한 로잔의 신학을 다음과 같이 설명하고 있다.

> "로잔언약은 '하나님의 목적'에 관한 교리에서 시작하여 '그리스도의 재림'에 관한 교리에 이르기까지 15개 문단으로 광범위하게 신학을 다루고 있다. 물론 로잔은 신학내용에 있어 전통적 복음주의 신학에서 출발한다. 곧 성경은 영감으로 기록된 하나님의 말씀으로서 그의 권위와 능력을 확인한다. 로잔 선교신학은 성경에 근거하여 하나님이요 구주로서의 예수 그리스도의 유일성과 구원의 복음의 유일성을 전제한다. 또 구원이 하나님과의 화해이며 이는 하나님의 은혜로 인하여 믿음으로써만 얻어

31 조종남. 로잔운동의 역사와 신학. 선교횃불. 2013. 79.

32 최형근. 로잔운동이 한국교회에 미친 영향에 관한 연구. ACTS 신학저널 46.- 2020. 409-410.

진다는 이신득의의 교리를 확인한다. 그러므로 교회가 전파하는 구원은 예수 그리스도로 말미암아 죄에서 용서받고 성령의 자유케 하시는 선물을 받는 것이다. 이렇게 함으로 사회,정치적 참여로 인한 인간화에서 하나님의 구속 사역이 체험되는 것처럼 말하는 WCC가 주최한 '방콕73'의 입장을 배제하였다. 또한 '그리스도의 유일성과 보편성'을 확인함으로 자유주의자들의 혼합주의나 만인구원론Universalism을 배격함과 동시에 세계선교의 동기를 제공하고 있다....

로잔은 신학을 전통적인 복음주의적 신학의 토대 위에서 시작하되, '세계복음화'라는 관심과 '오늘의 선교'라는 상황Context에서 다루었으며 '이 과업에 새롭게 헌신하려는 자세'에서 이루어졌다. 이것이 로잔신학의 매력이기도 하다. 이런 면에서 로잔언약은 과거의 복음주의 신학의 반복이 아니라 거기에서 진일보한 것이며, 나아가 살아있는 선교신학을 개진한 것이다. 또한 로잔언약은 선교를 삼위일체적으로 개진한다. 선교는 삼위일체 하나님의 사역에서 시작하며, 선교의 형태와 그 내용 그리고 모델은 바로 예수의 선교사역에 기초를 둔데서 연인(連引)된다. 하나님께서 당신의 나라를 확장해 나가는 일을 친히 하고 계시다.고후 5:19 그러기 위하여 '하나님은 자기를 위하여 세상으로부터 한 백성을 불러내시며 다시금 그들을 세상으로 내보내시어 그의 나라의 확장과 그리스도의 몸의 건설과 그의 이름의 영광을 위하여 그들이 그의 종과 증인이 되게 하신다.' 이런 견해는 선교를 교회 중심으로 이해하던 전통적인 이해와는 달리, 선교하시는 하나님의 사역에 동참하는 것으로 이해되는 것이다. 곧 하나님이 모든 사람을 사랑하시어 한 사람도 멸망하지 않고 모두가 회개할 것을 원하시기 때문에 예수 그리스도를 세상에 보내심과 같이 그리스도께서는 그의 구속받은 백성들을 또한 세상에 내보내시어 선교사역을 하게 하시는 것이다.요 20:21 로잔은 이와 같이 하나님께서 모든 사람을 사랑하시고 모두가 구원받기를 원하신다고 믿는다. 그러므로 로잔이 말하는 선교의 비전은 온 세계를 향한 것이며, 세계복음화World Evangelization가 선교의 목표이다."[33]

이상과 같이 조종남 박사는 로잔의 신학이 WCC의 신학을 배격하고 있다고 한다. 성경의 영감성과 예수 그리스도의 유일성과 구원의 복음의 유일성 그리고 이신득의의 교리 등 전통적 복음주의에서 로잔의 신학은 출발하고 있다는 것이다. 그러나 여기에 머무르지 않고 진일보한 신학이라고 주장하고 있는바 그것이 바로 로잔의 선교신학이 '하나님의 선교Missio Dei'에 입각해 있다는 것이다.

그렇다면 '하나님의 선교'Missio Dei란 과연 무엇인가?

33 조종남. 로잔운동의 역사와 신학. 선교횃불. 2013. 80-82.

하나님의 선교Missio Dei에 대한 깊은 유감遺憾

전통적인 기독교 신학에서 하나님의 주된 관심은 세상을 구원하는 것이다. 그런 관점에서 '선교'는 세상 사람들로 하여금 하나님께서 보내신 구원자 예수님을 믿고 구원을 얻어 다시 하나님과의 관계를 회복하도록 하는데 초점이 맞추어져 있다.

그러나 '하나님의 선교'Missio Dei 개념은 '하나님의 주된 관심이 세상을 구원하는데 있다기보다는 세상 자체를 샬롬이 넘치는 곳으로 바꾸는 것'이라고 한다. 에큐메니칼적 하나님의 선교 개념을 발전시킨 대표적 인물 호켄다이크J.C.Hoeckendijk는 하나님께서 보내신 메시야가 이루시는 것은 '샬롬'이라고 보았다. 이들이 이야기 하는 '샬롬'은 JPIC 즉 정의Justic, 평화Peace, 창조질서 보존Integrity of Creation 이라고 할 수 있다.

전통적인 선교에서는 하나님의 주된 관심을 개인 영혼의 구원이라고 보았기 때문에 구원을 위한 전도를 선교의 가장 중요한 방법으로 생각한다. 그러나 세상의 '샬롬' 즉 정의, 평화, 창조질서보전 등이 하나님의 주된 관심이라고 보는 '하나님의 선교' 관점에서는 전도보다는 오히려 정의와 평화를 위한 구조악 해결의 활동을 선교의 주된 방법으로 여긴다.

샬롬의 관점에서 '죄'란 가진 자가 못 가진 자를 구조적으로 억압하는 것이며, 이러한 죄의 해결은 구조적인 악에 속박 당하여 죄인 취급을 받는 사람들을 해방시키는데서 이루어진다고 본다. 그리고 이러한 해방은 개인전도로 이루어지기보다는 구조악을 향한 투쟁으로 해결될 수 있기 때문에 '하나님의 선교' 개념에서의 구원은 구조악의 해결을 통한 인간 해방인 것이다.

WCC 웁살라 총회는 "우리는 가난한 자들과 압제받는 자들의 권리를 옹호하고 국내 및 국가 간에 경제정의가 확립되도록 일해야 한다."고 강조하였고, 밴쿠버 총회도 "교회의 영적인 투쟁은 가난한 자들, 압제받는 자들, 소외된 자들, 추방된 자들의 투쟁과 관계되어 있다. 성령은 투쟁하는 사람들 가운데 계신다." 라고 강조하였다. 또한 JPIC 대회는 "우리는 인권을 침해하고 개인과 집단의 충분한 잠재력의 실현의 기회를 거부하는 모든 구조와 체제들에 저항할 것이다. 특히 고문, 실종, 탈법적 법집행, 그리고 사형 등에 저항할 것이다." 라고 결의하였다.[34]

1952년 독일 빌링겐에서 모인 국제선교협의회IMC 제5차 대회는 에큐메니칼 선교의 방법의 근본적인 변화를 가져왔다. 그것은 '교회의 선교'Missio Ekklesiae의 종결과 함께 '하나님의 선교'Missio Dei의 시작을 알리는 것이었다.

전통적인 선교 개념은 교회가 선교를 책임지는 것이었다. 하나님께서 교회를 통해 선교의 사역을 감당하신다는 것이다. 그러나 '하나님의 선교'의 출발점은 교회가 아니라 세상이다. '하나님의 선교' 개념은 화란의 선교학자 요한

34 안승오. (2022). 출애굽 사건의 관점에서 본 하나님의 선교(Missio Dei) 개념 재고. 복음과 선교, 59(3), 81-113.

C. 호켄다이크가 주창한 '선교의 메시아적 개념'에 근거한 것이다. 그는 교회를 개척하거나 교구를 설립하는 것이 선교의 최종 목표가 될 수 없다고 주장하였다. 도리어 그는 제대로 실천된 선교란 메시아가 활동하던 때의 평화, 정의, 그리고 치유의 역사를 구현하는 것이라고 주장했다.

'하나님의 선교'가 소개된 이후 에큐메니칼 선교는 '삶과 봉사'의 에큐메니칼 윤리가 추구하는 사회에서의 복음 적용에 대한 관심을 공유하게 되었다. 그러나 '하나님의 선교'는 사회의 구원을 강조한 나머지 영혼구원을 위한 선교라는 전통적 개념을 더욱 약화시켰다.

IMC는 1961년 인도 뉴델리에서 모인 제3회 WCC 총회에서 함께 손을 잡았다. IMC가 '세계선교와 전도위원회'[CWME: Commission on World Mission and Evangelism]로 그 명칭을 바꾸고 WCC의 산하기구로 전환된 것이다.[35]

1952년 "하나님의 선교"Missio Dei 개념의 탄생으로 에큐메니컬 진영[WCC]은 하나님의 뜻이 "세상을 구원으로 인도하는 것"이 아닌 "세상 자체를 사람 살만한 곳으로 바꾸는 것" 즉 '인간화'라고 이해하게 되었다. 그리고 '선교'는 사람들을 교회로 데려오는 것이 아니라, 세계평화와 인간화를 위해 기여하는 일이 되어야 한다고 바뀌게 되었다.

1973년 방콕에서 열린 CWME [WCC총회와 총회 사이에 열리는 세계선교

35 조진모. WCC의 역사에 나타난 세 가지 중심축의 상호관계 연구. 신학정론 28.2 . 2010. 444-446.

와 전도위원회] 대회는 '구원'의 의미를 전통적으로 믿어져왔던 하나님과의 관계회복으로부터 오늘 현 세상에서 잘 살게 하는 모든 일[해방]로 바꾸었다. 이러한 과정을 거치면서 에큐메니컬 진영은 선교를 '인간화'로 이해하게 되었다.[36]

'악한 모든 것을 완전히 멸하는 것'이 선교의 목표라는 크리스토퍼 라이트

3차 로잔대회의 신학위원장 역할을 담당했던 크리스토퍼 라이트Christopher J. H. Wright는 "하나님의 선교는 그분의 창조 세계 전체에서 악한 모든 것을 완전히 멸하는 것이다. 그러므로 우리의 선교 역시 성경전체가 우리에게 주는 복음만큼 그 범위가 포괄적이어야 한다."라는 주장을 펼쳤다.

그의 주장대로 악한 모든 것을 멸하는 것을 하나님의 뜻이라고 하면서 선교의 목표로 삼는 순간, 선교는 너무 많은 과제를 포함하면서 무엇을 어디서부터 시작해야 할지 갈피를 못 잡게 될 수 있다. 하나도 제대로 못하게 될 수 있다. 말은 매우 그럴듯하고 아주 설득력이 있지만 실제로 얻는 것은 거의 없게 될 수 있다.

36 안승오. 로잔운동의 좌표와 전망. 기독교문서선교회. 2023. 44-45.

신학의 토대가 되어야 할 성경은 하나님의 뜻을 어떻게 설명하고 있는가? 예수 그리스도께서는 요한복음 6장 39~40절에서 말씀하신다.

"나를 보내신 이의 뜻은 내게 주신 자 중에 내가 하나도 잃어버리지 아니하고 마지막 날에 다시 살리는 이것이니라. 내 아버지의 뜻은 아들을 보고 믿는 자마다 영생을 얻는 이것이니 마지막 날에 이를 다시 살리리라 하시니라" 요6:39~40

여기에 '하나님의 선교' 개념에서 그토록 강조하는 하나님의 뜻은 두 번이나 나타나는데, 39절에서는 하나님께서 주신 자를 잃어버리지 않고 다시 살리는 것 즉 영혼구원이 하나님의 뜻이라고 말씀하고 있으며, 40절에서는 아들을 믿고 영생을 얻는 것 즉 영혼 구원이 하나님의 뜻이라고 말씀하고 있다. 요한복음이 분명하게 말씀하는 하나님의 뜻은 영혼구원과 긴밀하게 연결되어 있음을 보게 된다.[37]

이와 같이 '하나님의 선교'는 WCC 에큐메니칼적 선교 개념이며 전통적 기독교의 '교회의 선교' 개념과는 양립할 수 없는 것이라 할 수 있는데, 로잔운동도 전통적 복음주의에서 출발했다고는 하나 에큐메니칼적 '하나님의 선교'를 진일보한 선교신학이라 수용함으로써 오늘날과 같은 로잔운동의 신학적 혼란과 난맥상을 야기하였다고 볼 수 있다.

"2010년 제3차 로잔 케이프타운 대회는 사회적 문제와 이슈들을 선교적 과

37 안승오. 로잔운동의 좌표와 전망. 기독교문서선교회. 2023. 321-322.

제로 삼았다. '우리는 HIV와 에이즈를 안고 살아가는 사람들에 대한 모든 정죄 적대감, 오명, 그리고 차별을 거부하고 고발'하며, 이슈가 되고 있는 동성애에 대해서도 '그들을 올바로 이해하고 다루기 위해 노력'할뿐 아니라 '동성애자에 대한 모든 형태의 증오, 언어적 물리적 학대와 낙인 행위를 거부하고 정죄한다'고 확언하였다. 이러한 노력의 결과로 케이프타운서약은 '정의와 평화를 위해 분투하고 하나님의 창조세계를 돌봄으로써 하나님 나라의 가치와 능력을 드러내라고 명령하신다."는 고백에 이르게 되었다. 이 고백은 1989년 산안토니오 CWME [WCC 세계선교와 전도위원회] 이후 에큐메니컬 선교가 줄기차게 추진해온 '정의, 평화, 창조의 보전'과 일치하는 것이다. 케이프타운 대회 4천여 명의 참석자 가운데 40% 정도는 에큐메니컬 선교에도 참여해온 것을 감안할 때, 하나가 되라는 예수의 간절히 소망요 17장의 실현가능성을 보여준다. 이는 로잔이 이 운동에 동의하는 모든 사람에게 참여의 기회를 열어주며, 회원교단 대표 소수에게만 참석의 권한을 부여하는 CWME[38] 보다 더 에큐메니컬하기 때문이다." [39]

전주대학교 김은수 교수의 케이프타운 서약과 관련한 위 논문을 보라. 로잔 제3차 케이프타운대회에서 선포한 내용들이 적나라하게 표현되어 있다. 동성애자들에 대한 차별을 금지하고 정죄하는 내용일뿐 차별금지법으로 성경적 설교와 전도가 제한당하고 처벌받고 있는 세계 교회들의 어려움에 대해서는 한마디의 언급도 없다. 로잔은 이 대회를 통하여 스스로가 WCC 보다

38 WCC 산하 '세계선교와 전도위원회'의 약칭이며, WCC와의 합병이전에는 IMC(국제선교협의회)였다.

39 김은수. 케이프타운 서약과 로잔문서의 선교적 성찰. 선교신학 50.- (2018): 43-67.

더한 에큐메니컬적 내용들을 추구하고 있음을 알린 것이다.

로잔대회에 대한 비판의 목소리들

2024년 9월22일부터 대한민국 인천 송도 컨벤시아에서 열릴 제4차 로잔대회가 우려되는 것도 지난 케이프타운 대회에서의 로잔의 경악할 만한 WCC적 정체성을 드러낸 이러한 사건들 때문이다.

자유주의 신학과 다원주의적 성향을 공공연히 드러냄으로써 세계교회에서 상당한 지지기반을 상실한 WCC를 대신하여, 로잔으로 하여금 과거 WCC의 역할을 대신하게 하려는 복음주의의 외피를 쓴 자유주의자들의 음모라는 의심마저 드는 상황인 것이다.

물론 아직까지는 로잔이 WCC의 가장 큰 문제인 다원주의, 혼합주의를 표방하지는 않았다. 3차 대회에서도 1,2차대회와 마찬가지로 그리스도의 유일성과, 성경의 권위[40], 영적전쟁, 그리스도의 재림에 대한 확신을 서약문을 통해 확인하였다. 그러나 타종교와의 선교적 대화를 긍정함으로써 향후 다원주의로 향할 가능성도 상존하고 있다는 우려들도 나오고 있다. 제4차 로잔대회를 긍정적으로만 아니 유보적으로라도 좋은 결과가 나오기만을 기대하며 바라보기만 할 수는 없는 상황인 것이다. 우려스러운 모든 점들을 낱낱이 파헤치고 선포하는 것이 오히려 한국교회를 보호하는 최선의 방책이라 판단된다.

40 성경의 권위와 관련해서는 이견이 있다. 로잔이 성경의 무오성을 믿는다고 선언하고 있지만 존 스토트에 의해 주도된 로잔언약에 성경관의 틈이 있다고 한다. 프란시스 쉐퍼전집2권 201-208.

'한국로잔대회를반대하는목회자연합' [대표 조덕래 목사, 이하 목회자연합]은 2024년 7월11일 서울 한국기독교연합회관 앞에서 기자회견을 열고, 오는 9월22일부터 인천에서 열리는 제4차 한국 로잔대회의 개최 자체를 반대하는 아래와 같은 내용의 성명서를 발표하였다.

우리는 다음과 같은 이유로 제4차 한국로잔대회를 반대합니다.

- 성 명 서 -

우리는 제4차 한국 로잔대회 개최에 대한 입장을 다음과 같이 표명한다.

우리는 앞에서는 복음주의를 주장하며 뒤에서는 신복음주의와 신사도운동, 종교 다원주의화를 도모하는 국제 로잔대회를 반대한다!

1. 우리는 복음 선교를 광범위하게 위축시킨 국제 로잔의 총체적 선교론을 반대한다. 국제 로잔은 소위 총체적 선교를 내세워 영혼을 구원하는 복음 전도 우선의 선교 본질을 훼손시키고 있고, 사회의 불의한 문제 해결에 주력하는 것이 선교라고 주장하며 성경적 복음 선교에서 크게 벗어나며 변질되었다.

2. 우리는 국제 로잔의 서구 유럽의 차별금지법 제정에 대해서 책임감 있는 선언이나 행동이 전무함을 비판하며 강력히 반대한다. 국제 로잔은

서구 유럽에서 차별금지법이 제정되어 서구 유럽 교회가 무너질 때 오로지 침묵과 방관적인 무책임한 태도로 일관했다. 이것은 국제 로잔이 주장하는 사회 복음화라는 것이 결국은 성경 진리와는 무관한 것임을 반증한다. 국제 로잔은 유구한 서구 유럽 교회의 몰락에 대한 책임을 져야 마땅하다.

3. 우리는 국제 로잔이 표명한 성경관의 모호성을 단호하게 반대한다. 국제 로잔의 성경관은 자유주의자들과 신복음주의자들의 영향 아래 있다. 「로잔언약」의 "성경의 권위와 능력"과 「케이프타운 선언서」의 "우리는 하나님의 말씀을 사랑한다."는 주관적이고 모호한 성경관을 내포한다. 성경의 완전 무오성을 믿지 않는 자들과의 교류는 성경적인 선교로 갈 수 없다. 이로써 성경의 완전 무오성을 믿지 않는 자유주의 신학을 따르는 자들이 대거 합류할 수 있도록 한 것을 반대한다.

4. 우리는 국제 로잔의 신복음주의화New evangelism를 반대한다. 국제로잔대회는 신복음주의를 외친다. 신복음주의는 새로운 자유주의 운동이다. 신복음주의의 회색주의와 포용주의적 태도는 성경의 파괴적 비평을 용인하고, 결국은 "성경은 영감되었으나 무오하지는 않다"는 교묘한 요설로 성경을 파괴한다. 클로스터Fredd H. Klooster 칼빈신학교 교수는 "신"(新)이라는 말에는 옛것에 대한 불만의 뜻이 다분히 있는 것으로 보여진다"고 명료하게 말했다. 성경에는 다른 복음이 없듯이 새로운 복음도 없으며 우리에게는 오직 사도들이 전하여준 복음만이 있을 뿐이다. 메이첸John Gresham Machen 교수는 신복음주의는 자연철학에 기반한 '다른 종

교'라고 규정했다.

5. 우리는 국제 로잔의 "포용주의"와 "혼합주의"와 "종교다원주의화"를 반대한다. 2차 로잔대회[1989.7.10.~20, 필리핀 마닐라]는 다섯 명의 강사가 신사도 운동가들이었고, 3차 로잔대회[2010.10.16.~25, 남아공 케이프타운]는 안타깝게도 비성경적인 혼합주의자들과 종교 다원주의자들[로마 카톨릭. 정교회. WCC]을 복음주의 속으로 초대하는 대회가 되고 말았다. 제3차 케이프타운 로잔대회는 WEA와 로잔위원회가 공동으로 개최한다고 홍보된 대회로서, WCC 임원들과 동방정교회, 로마 카톨릭의 핵심 인사들도 대거 초대된 대회 였다. 국제 로잔은 이렇게 복음주의를 표방하면서 실상은 종교다원주의화 된 에큐메니칼을 지향하는 것을 명백하게 보여주고 있다.

우리는 이와 같이 결코 동의할 수 없는 본질적인 문제를 야기시키고 있는 국제 로잔에 대하여 환대와 관용으로 대할 수 없음을 안타깝게 여기면서 제4차 한국 로잔대회를 반대한다. 오직 그리스도의 복음만이 사람을 구원하는 유일한 길임을 선언하며 복음에 다른 무엇을 섞거나 가감하는 것은 복음이 아니며 복음의 유일성을 부정하는 것이기에 이 대회를 강력히 규탄한다.

2024년 7월 11일

한국 로잔대회 반대 목회자 연합 대표 조덕래 목사

한국 로잔대회를 반대하는 목회자 연합 일동

이와 같이 '한국로잔대회를반대하는목회자연합'은 성명서를 통해 로잔이 '총체적선교'를 내세워 '복음전도의 우선성'이라는 선교의 본질을 훼손한 점, 모호한 성경관, 차별금지법에 대한 태도, 신복음주의화 경향, 신사도운동과의 연관성, 혼합주의와 다원주의자들을 대회에 초청한 점 등을 비판하며 이로 미루어 볼 때 로잔이 종교다원주의 에큐메니컬을 지향하는 것이 명백하다는 이유로 로잔대회 자체를 반대한다고 천명하였다.

로잔을 옹호하는 목소리들

그렇다면 이제 로잔을 옹호하는 측의 반론을 들어보자. 기독일보에 게재된 로잔대회 준비위원회 사무총장 대구 동신교회 문대원 목사의 로잔을 위한 변론을 살펴보고 그에 대해 비평한다.

기독일보[41] "'3차 로잔대회 후 복음전도 우선성 퇴색' 비판에 동의 안 해" 한국로잔위 사무총장 문대원 목사, 15일 기자간담회서 해명

오는 9월 인천광역시에서 열리는 제4차 국제로잔대회 주최 측인 한국로잔위원회[위원장 이재훈 목사]가 15일 온누리교회[담임 이재훈 목사]에서 로잔대회 7월 기자간담회를 열었다. 이날 기자간담회에서 한국로잔위 사무총장 문대원 목사[대구동신교회 담임]는 로잔대회를 소개하고 일

41 노형구. "'3차 로잔대회 후 복음전도 우선성 퇴색' 비판에 동의 안 해". 기독일보. 2024.7.16.

각에서 제기하는 로잔대회를 향한 비판에 대해서도 해명했다.

문 목사는 "로잔운동의 비전은 크게 4가지로 압축된다. 첫째, 모든 사람을 위한 복음이다. 미전도종족 등 복음을 듣지 못한 이들에게 전도하는 것이다. 둘째, 제자 삼는 교회를 세운다. 아프리카와 남미 지역 교회는 복음 전도의 열정만 있어 재생산이 이뤄지지 않는 약점이 있다. 그래서 신자들의 영적 성숙의 과정이 없다. 세상으로 나가 제자 삼자고 강조하자는 것"이라고 했다. 문 목사는 "셋째, 예수 그리스도를 닮은 리더를 세우자는 것이다. 다음세대를 중심으로 중앙 통제가 아닌 자발적 운동의 형태를 추구한다. 넷째, 사회 모든 영역에서의 하나님 나라의 영향력을 확장하자는 것이다. 복음의 능력을 사회 전역에 흘려보내자는 것이다. 여기서 총체적 선교론이 나왔다"고 했다.

그는 "국제로잔대회가 3차 케이프타운 대회 이후 복음전도의 우선성이 퇴색됐다는 비판에 동의하지 않는다. 로잔운동의 비전 첫째는 복음전도다. 로잔운동 내 다양한 분과에 참여하는 모든 사역자들은 공통적으로 복음전도를 강조한다"고 했다.

이어진 기자단 질의응답에서 '로잔운동의 네번째 비전에서 말하는 총체적 선교론의 구체적인 의미는 무엇인가'라는 질의에 문대원 목사는 "불의한 사회 구조 안에도 죄가 있기에, 하나님의 뜻에 어긋난 사회구조를 변혁하는 사회참여도 강조하는 것"이라고 했다. '위 개념과 세계교회협의회(WCC)가 인간을 사회적 억압으로부터 해방하자고 주창하는 '인간화'와의 차이는 무엇인지'에 대해 문 목사는 개인적 의견이라 전제하며 다음과 같이 말했다. 그는 "인간을 사회적 억압으로부터 해방하는 것을 곧 구원이라고 말할 수 없다"며 "예수 그리스도는 사회 해방이 아닌 인간을 죄에서 구원하기 위해 죽으시고 부활하셨다"고 했다.

그러면서 "WCC는 인간의 사회적 억압에 대한 해방을 선교의 목표로 삼는다"며 "가령 해방신학은 가난한 자를 우선적으로 선택하셨다고 선언한다. 그래서 사회주의적 이데올로기가 가미돼 있다. 그러나 성경 어디에도 그런 말이 없다. 하나님은 부자가 아니라 교만한 자를 증오하신 것"이라고 했다.

문 목사는 "하지만 제1차 로잔대회는 WCC의 인간화에 반대하며 태동했다. 로잔언약은 '5. 그리스도인의 사회적 책임'에서 '...물론 사람과의 화해가 곧 하나님과의 화해는 아니며 또 사회 참여가 곧 전도일 수 없으며 정치적 해방이 곧 구원은 아닐지라도, 전도와 사회 정치적 참여는 우리 그리스도인의 의무의 두 부분임을 인정한다'고 선언한다"고 했다. 그는 "위 선언에서 로잔대회는 사회참여를 곧 전도와 구원과 같은 개념으로 보지 않을지라도, 전도와 사회참여를 동전의 양면으로 둘 다를 중요한 것으로 보고 있다"며 윌리엄 윌버포스의 노예제 폐지 운동을 예로 들었다. 그는 "로잔대회는 사회 구조에도 죄가 있으며, 죄와 힘써 싸우고 하나님의 뜻에 순종하는 일체의 행동을 포괄하는 선교를 추구한다"며 "하지만 로잔대회 내부에도 복음전도와 사회참여 중 어느 것에 더 가중치를 둘 것인지에 대해선 의견이 분분하다"고 했다.

한국로잔위원회 사무총장 문대원 목사[대구 동신교회]는 2024년 7월 15일 열린 기자간담회에서 "국제로잔대회가 3차 케이프타운 대회 이후 복음전도의 우선성이 퇴색됐다는 비판에 동의하지 않는다. 로잔운동의 비전 첫째는 복음전도다. 로잔운동 내 다양한 분과에 참여하는 모든 사역자들은 공통적으로 복음전도를 강조한다" 라고 해명하였는데, 이 해명이 사실에 부합하는지 알아보도록 하자. 3차 케이프타운대회 이후 복음전도의 우선성이 퇴색했다는 것에 본인은 동의하지 않는다고 하였지만, 과연 그럴까?

장로회신학대학 박보경 교수는 2010년 케이프타운 3차 로잔대회에도 직접 참가하였던 선교학자이다. 박보경 교수는 2013년 '복음과선교'에 게재되었던 '로잔운동에 나타난 전도와 사회적 책임의 관계'라는 제목의 논문에서 케이프타운서약문을 분석하여 로잔은 복음의 우선성을 강조하였던 과거의 입장에서 사회적 책임을 강조하는 방향으로 분명한 변화를 보였다고 주장하고 있다.

박보경 교수[42] '로잔운동에 나타난 전도와 사회적 책임의 관계' : 2010년 남아공 케이프타운에서 제3차 로잔대회가 열렸다. 이번 대회는 필리핀의 마닐라에서 열린 2차대회 이후 21년 만에 열린 대회로서 전 세계의 복음주의를 지향하는 교회와 선교단체들의 대표들이 모두 모인 대회였다. 필자 또한 이번 대회에 참가하였는데, 대회가 한창 진행되던 중에 한 참가자로부터 이번 3차대회에 대한 심각한 우려의 소리를 듣게 되었다.

42 박보경(장로회신학대학교 교수). "특집 : 로잔복음화 운동과 한국교회 ; 로잔운동에 나타난 전도와 사회적 책임의 관계." 복음과 선교 22.- (2013): 9-43.

“로잔의 독특성이 어디 있는가? 로잔 대회의 내용이 WCC와 같지 않는가? 나는 로잔이 마침내 그 정신을 잃어버렸다고 생각한다”라는 상당히 흥분된 발언을 그 참가자로부터 들으면서 필자는 “로잔의 정신이 과연 무엇이었나? ”하고 생각하게 되었다. 로잔운동의 정신은 과연 무엇인가? 로잔은 WCC와 어떻게 구별되는가? 왜 그 참가자는 로잔이 WCC와 비슷해지고 있다고 생각했을까? 과연 로잔은 본래의 정신을 잃어가고 있는 것인가? 본 연구의 시발점은 이 작은 경험에서부터 시작되었다. 사실, 지난 40여 년 동안 로잔운동은 세계복음화를 위한 복음주의진영의 대표적인 운동으로 자리매김 해 왔다. 그러나 시대가 바뀜에 따라 세계 상황도 달라졌고, 선교신학 역시 변화했다. 그로 인해 복음주의 진영이 힘써왔던 세계복음화를 위한 노력도 과거에 비해 그 강조점에 있어 확실한 차이를 보이고 있다. 사실, 로잔운동은 세계복음화를 위한 복음주의 진영의 노력을 ‘전도의 우선성’이라는 주제로 표현해왔다. ‘전도의 우선성’이라는 주제는 로잔 진영을 대표하는 중심적 주제이다.

이러한 로잔운동이 천명한 ‘전도의 우선성’은 로잔진영 안에서 사회적 책임을 강조하는 입장들과 함께 로잔 운동의 중심에 자리매김해 왔었다. 그렇다면 지금은 ‘전도와 사회적 책임’이라는 관계에 있어서 전도에 우선성을 두고 있던 로잔의 입장에 변화가 생긴 것인가?......로잔 3차대회 중에 케이프타운 서약문의 1부가 발표되었다. 그런데 이 대회를 마무리하면서 발표된 케이프타운 서약문은 로잔 2차대회 이후 다시 발표하는 로잔운동의 공식적 선언문이라는 점에서 더욱 중요했다.

그런데 놀랍게도 이 선언문 안에 전도와 사회참여의 관계에 대한 수정된 입장이 공식적으로 확인되었다.

케이프타운 서약문 전반에 걸쳐서 전도의 우선성Primacyof Evangelism이라는 표현을 완전히 배제하였다. 우선성Primacy의 단어는 전도와 연결되어 사용되기보다는 하나님의 은혜의 우선성Primacy of God's grace 이라는 표현으로 등장할 뿐이다. 전도Evangelism라는 단어의 사용 또한 과거의 선언문들에 비해 확연하게 줄어들었다. 로잔 선언문에는 전도라는 단어가 총 15번이나 등장했고, 마닐라 대회에서도 16번이나 사용되고 있기에 선언문 전반에서 전도의 강조가 명백해 보였다. 그러나 케이프타운 서약문에는 전도라는 단어 자체가 7번으로 확연하게 줄어들어 있었다. 그리고 이중에서도 3번은 로잔선언문을 인용하면서 등장한 것이다.

서약문의 제 10항은 먼저 총체적 선교Integral Mission 이라는 소제목을 사용하고 있다. 이 단어는 미가선언문에서 사용되었던 용어이다. 이어서 서약문은 "우리의 선교는 전도evangelism와 헌신된 참여committed engagement가 함께 통합integration되어 이루어져야 한다"고 선언한다. 뿐만 아니라 서약문 제10항은 로잔 제5항을 인용하고 있다. 바로 교회의 사회적 책임을 강조한 본문이다. 그러나 로잔 선언문 제6항에 등장했던 전도의 우선성은 인용되지 않았다. 이어서 이 서약문은 2001년 미가선언문에서 발표되었던 총체적 선교integral mission를 다시 인용하였다...... 로잔 제3차 대회에서 채택된 케이프타운 서약문에는 로잔선언문과 마닐라 선언문에서는 발견되지 않았던 선교의 포괄적 이해가 명백하다. 과거 전도의 우선성을 강조하였던 로잔의 입장이 분명하게 변화된 것이다.

이러한 선언문의 변화는 그동안 로잔진영 안에서 지속적으로 긴장의 핵심이 되어왔던 전도와 사회적 책임으로서의 교회의 임무 중에서 전도에 우선성이 있다는 로잔의 입장이 공식적으로 거부되고, 이 둘이 상호 동일한 무게를 가진다는 급진적 제자도의 입장을 반영한 결과였다고 할 수 있다.....케이프타운에서 열린 로잔 3차대회는 로잔진영이 '전도의 우선성'으로부터 총체적 선교로 전환하고 있음을 보여주고 있다고 평가된다.

이러한 변화는 2004년부터 나타나기 시작했는데, 로잔진영 안에 있는 교회의 사회적 책임을 강조하는 그룹들이 시대가 지나면서 그 목소리가 점차 강화됨으로써 이러한 변화가 명백해졌다고 하겠다. 지난 40여 년이 지나는 동안 로잔운동은 세계복음화를 위한 복음주의진영의 대표적인 운동으로 자리잡았다. 세계복음화를 위한 운동으로서 자기 정체성을 지닌 로잔운동이 처음에는 전도와 사회적 책임의 관계에 있어서 전도가 우선성을 지닌다고 천명하였으나, 그 입장이 2000년을 넘어서면서 서서히 변화하여 전도와 사회적 책임의 관계에 있어서 전도가 우선적으로 인식되지 않는다는 결론을 내리고 있다.

박보경 교수는 3차 로잔대회 케이프타운 서약문에는 '전도의 우선성'Primacyof Evangelism이라는 표현이 완전히 배제되어 있고, 1차 로잔대회의 로잔언약에 총 15번이나 등장했고, 2차 로잔대회 마닐라선언문에서도 16번이나 사용되고 있는 '전도'라는 단어가 케이프타운 서약문에는 7번으로 확연하게 줄어들어 있으며 그중에서도 3번은 로잔언약을 인용하면서 등장했다고 분석했다.

전도의 우선성을 사실상 포기한 케이프타운 선언의 내용에도 불구하고 참가자들 가운데 대다수 특히 한국의 복음주의 진영의 참가자들은 그 내용에도 불구하고 복음전도가 가장 중요하다고 생각하고 있다는 것을 알고 있다. 실질이 중요하지 선언 따위가 무슨 대수냐라고 생각할 수도 있다. 그러나 어느 대회나 단체든 그 본질은 그 대회나 단체가 공식적으로 선언한 것에 달려있다는 것을 알아야만 한다. 우리의 구원도 마음으로 믿고 입으로 시인하여 얻는 것이 아닌가? 믿는 대로 시인하고 시인한대로 행동하게 되는 것이다.

로잔대회도 마찬가지로 대회가 공식적으로 선언한 것이 그 대회의 본질이 되는 것이며, 그 선언문대로 정책을 세우고 실행하게 되어 있다. 로잔대회에 참가한 교회와 단체들도 결국은 그 선언과 언약대로 선교를 행하게 되어 있는 것이다. 선언이 얼마나 중요한 것인지 알아야 한다. 이런 의미에서 문대원 목사의 해명은 잘못된 정보와 지식에 기초한 것이든지 아니면 잘못된 판단에 의한 것이든지 둘 중의 하나일 것이다.

영남신대 안승오 교수는 로잔이 1974년 1차 대회에서는 총체성을 일정 부분 인정하면서도 복음전도의 우선성에 대해서는 분명한 입장을 지녔으나, 2차 대회인 1989년 필리핀 마닐라 대회에서는 복음의 우선성과 선교의 총체성을 동시에 다 견지하는 입장으로 변화했으며, 결국 3차 대회인 2010년 남아프리카공화국 케이프타운 대회에 와서는 전도의 우선성을 거의 상실하게 되었고 총체적 선교만 남게 되었다고 분석했다. 케이프타운(대회)이 복음전도를 언급하기는 하지만 로잔과 마닐라에 나타났던 복음전도의 긴급성과 이를 위한 헌신과 같은 말을 찾아볼 수 없게 되었다는 것이다.

급진적 제자도를 주장하는 르네 빠디야, 사무엘 에스코바, 로날드 사이더 등에게 존 스토트가 힘을 실어주면서 로잔이 문을 열어준 것이다. 문대원 목사는 로잔에 복음전도와 사회참여의 비중이 50%씩 차지하고 있는 것처럼 이야기 하고 있지만 이는 총체적 선교개념에 대한 오해와 무지에서 비롯된 것일 것이다. 한국교회 복음주의진영의 대다수 지도자들이 그러하듯이. '총체적 선교'는 사회참여도 곧 복음전도로 간주되는 즉 사회참여로 복음전도를 대체할 수 있다는 개념으로 이와 같은 총체적 선교의 대세 장악으로 인하여 로잔은 복음전도가 현저히 약화된 상태인 것이 현실인 것이다.

안승오 교수는 또 '제4차 로잔대회를 향한 제언'[43]이라는 논문에서 로잔이 말하는 '총체적 선교'가 WCC에서 말하는 '통전적 선교'와 사실상 같은 개념이라는 것을 알리고 있다. 로잔과 WCC가 같은 선교 개념을 공유하고 있는 것이다.

로잔은 점차 '복음전도의 우선성'으로부터 복음전도와 사회적 책임을 동등하게 보는 방향으로 나아갔다. 특별히 2000년에 들어서면서부터 로잔진영은 WCC의 통전적 선교신학을 좀 더 적극적으로 수용하는 경향을 보였다. 예를

43 안승오. 제4차 로잔대회를 향한 제언. 복음과 선교 64.4 (2023): 249-281.

들면 2001년 영국 옥스퍼드에서 결성된 "미가 네트워크"Micah Network, 2004년 파타야 대회, 그리고 2010년 '케이프타운 로잔 3차 대회' 등에 오면 통전적 선교가 더욱 적극적으로 수용되었는데, 특별히 3차 대회인 케이프타운 선언은 전도의 우선성에 대한 언급을 하지 않는다는 점에서 통전적 선교를 공식적으로 천명하였다고 할 수 있다. 로잔이 말하는 총체적 선교의 의미는 미가 네트워크 문서에 잘 나타난다고 할 수 있는데, 미가 네트워크는 선교를 총체적 선교Integral Mission 혹은 통전적 변혁Holistic Transformation으로 표현하면서 이러한 선교는 "정의와 믿음을 통한 '의', 예배와 정치적 행동, 영적이며 물질적인 개인적 변화와 구조적 변화가 모두 함께 속해 있다. 예수의 삶과 존재와 행동과 말이 우리의 총체적 사명의 중심이 된다."고 언급한다. 즉 개인적 변화인 복음화와 구조적 변화인 인간화가 모두 총체적으로 교회의 사명이 되어야 한다는 것이며 선교도 이 모든 것을 함께 이해하는 총체적 관점을 가져야 한다는 것이다. 총체적 선교와 전통적 선교의 결정적인 차이는 핵심적인 목표의 존재 유무라 할 수 있다. 전통적인 선교 개념에서는 선교의 핵심 목표 즉 복음화와 영생 등이 있는 반면, 총체적 선교에서는 핵심이 없이 모든 요소들이 동등한 가치를 지닌 선교 개념이라 할 수 있다. 즉 전통적 선교에서는 수행되는 모든 사역들이 복음화와 구령이라는 목표를 향해 나아가지만, 총체적 선교 개념에서는 핵심 목표가 부재하므로 모든 사역이 다 동등한 의미를 지니며, 어느 한 사역이 다른 사역보다 더 우위에 있거나 핵심이라고 말할 수 없게 된다. 이런 점에서 볼 때 로잔이 말하는 총체적 선교는 WCC가 말하는 통전적 선교와 거의 대동소이한 개념이라 할 수 있을 것이다. WCC가 말하는 통전적 선교 개념 역시 개인구원과 사회구원, 인간구원과 모든 피조물의 구원을 함께 추구하는 선교이며, 이런 점에서 로잔의 총체적 구원 개념과 상당

부분 유사한 면이 있으며, 이런 점에서 로잔의 선교 개념이 종국적으로는 WCC의 방향과 유사해질 수 있다는 우려를 갖게 된다.[44]

한국로잔준비위원회 사무총장 문대원 목사는 기자간담회에서의 해명 가운데 로잔은 WCC와 분명 다르고 WCC가 잘못되었다는 것을 확언하고 있으면서도, 로잔이 따르고 있는 총체적 선교가 잘못되었다는 것은 인정치 않고 있다. 로잔이 추구하고 있으며 본인도 옳다고 여기고 있는 '총체적 선교' 개념이 본인이 그르다고 하는 WCC의 '통전적 선교' 개념과 다르지 않다고 하는 것을 모르고 있는 것인지 아니면 알면서도 외면하고 있는 것인지 의구심이 든다.

로잔의 '총체적 선교'와 WCC의 '통전적 선교'는 다르지 않다. 한 뿌리에서 나온 다른 가지일 뿐이고, 로잔의 신학자들이 WCC의 신학자들이고, WCC의 신학자들이 곧 로잔의 신학자들이다. '총체적'이나 '통전적'이나 같은 개념이다. 로잔의 '총체적 선교'는 '미가 네트워크' 문서에서 '통전적 변혁'이라고도 표현되어 있다. '총체적'이나 '통전적'이나 같은 말의 다른 표현일 뿐이다.

박보경 교수는 총체적 선교가 로잔의 중심적 선교개념으로 자리 잡게 된 연원을 다음과 같이 알려주고 있다. 여기에서도 '통전적'과 '총체적'을 같은 개념으로 혼용하여 사용하고 있음을 알 수 있다.

44 안승오. 제4차 로잔대회를 향한 제언. 복음과 선교 64.4 (2023): 263-265.

박보경 교수[45] 로잔진영이 통전적 선교를 위한 새로운 견해를 등장시킨 것은 2004년 파타야 포럼이었다. 2004년 파타야에서 열린 로잔대회는 그 규모에 있어서 3차 로잔대회로 명명되어야 한다고 주장될 만큼 그 규모가 매우 큰 대회였다. 이 대회는 2004년 9월 29일부터 10월 5일까지 태국의 파타야에서 열렸는데, 대회의 성격상 1980년에 있었던 파타야 대회와 유사한 형태를 띠고 있었다. 이 대회 때 31개의 주제그룹이 모여서 구체적인 토론을 수행했고, 각각의 그룹은 대회 이후에 결과물을 냈다. 그런데 31개의 이슈그룹 중에서 전도와 사회참여의 문제를 다루는 그룹이 통전적 선교Holistic Mission라는 이름으로 모였다. 이 주제 그룹은 테드 야마모리와 르네 파딜라[르네 빠디야]가 공동의장으로 섬겼다.

여기서 잠시 우리는 이 대회가 열리기 전에 복음주의 진영 안에서 매우 중요한 단체가 결성된 것을 살펴볼 필요가 있다. 그 단체의 이름은 미가 네트워크Micah Network로서, 2001년 9.11사태가 일어난 직후 영국 옥스퍼드에서 결성되었다. 이후 미가 네트워크는 복음주의 진영 안에서 250개가 넘는 기독교 개발, 구제, 정의 단체들의 모임으로 성장했다. 옥스퍼드 모임에서 미가 네트워크는 "총체적 선교" Integral Mission를 선언하였는데, 바로 이 총체적 선교 개념이 2004년의 파타야 대회에 매우 중요한 영향을 미쳤다. 이 단체가 사용하는 총체적 선교Integral Mission란 복음의 선포the proclamation와 증명demonstration을 통합하는 선교를 의미했다.

45 박보경(장로회신학대학교 교수). "특집 : 로잔복음화 운동과 한국교회 ; 로잔운동에 나타난 전도와 사회적 책임의 관계." 복음과 선교 22.- (2013): 26-35.

미가 선언문은 다음과 같이 총체적 선교를 설명한다.

> "총체적 선교Integral Mission 혹은 통전적 변혁Holistic Transformation이란 전도와 사회 참여가 나란히 함께 이루어진다는 의미가 아니다. 총체적 선교란 우리가 삶의 모든 영역에서 회개와 사랑을 사람들에게 요청할 때, 우리의 선포가 사회적 결과를 가지게 되며 우리가 예수 그리스도의 변혁하는 은혜를 증거할 때, 우리의 사회적 참여가 전도의 결과를 가져오게 된다. 만약 우리가 세계를 무시하면, 우리는 세상을 섬기라고 보내신 하나님의 말씀을 무시하는 것이 되는 것이며, 만약 우리가 하나님의 말씀을 무시하면 우리는 세상에 전해줄 아무것도 가지지 못하게 된다. 정의와 믿음을 통한 '의', 예배와 정치적 행동, 영적이며 또한 물질적인 개인적 변화와 구조적 변화가 모두 함께 속해 있다. 예수의 삶과 존재와 행동과 말이 우리의 총체적 사명의 중심이 된다."[46]

미가 네트워크의 핵심 리더였던 르네 파딜라[르네 빠디야]는 2004년 파타야 대회의 통전적 선교 이슈 그룹의 "통전적 선교"Holistic Mission라는 제목으로 주제 강연을 하였다. 그는 이 글에서 통전적 선교란 수직적 차원과 수평적 차원의 한쪽으로 치우쳐진 선교 이해를 극복하려는 의도를 담고 있는 접근이라고 했다. 그는 지난 수십 년 동안 로잔운동 안에서 통전적 선교 이해가 보수적인 사람들에 의해서 상당한 압력을 받고 있었으나 80년대의 몇 개의 대회들을 지나면서 마침내 그 주장을 드러낼 수 있게 되었다고 하였다.....2004년 파타야 대회가 전도의 우선성을 그룹에서 전혀 다루지 않았다는 점은 명백

46 "Micah Declaration on Integral Mission," http://www.micahnetwork.org.

하게 로잔의 변화를 보여준다고 하겠다. 드디어 로잔진영 안에서 전도의 우선성이 통전적[총체적] 선교로 대치되기 시작했다는 것이다. 2004년 파타야 대회의 통전적 선교에 대한 이슈그룹에서 전도와 사회적 책임에 대한 논의가 이루어졌으나 이에 대한 로잔의 입장을 밝히는 공식적 선언문이 발표되지는 못했다. 이슈그룹의 글들은 로잔특별보고서Lausanne Occasional Paper에 33번에 실린 정도로 마무리 되었다. 이것은 로잔진영 안에서 전도의 우선성에 대한 오랜 입장에 대한 변화가 감지되는 것이었다. 그러던 중, 2010년 남아공 케이프타운에서 열린 제3차 로잔대회에서 전도의 우선성에 대한 중요한 전환점을 공식화했다. 이러한 변화에 중요한 역할을 한 인물은 신학분과위원장 크리스토퍼 라이트Christopher Wright였다. 그와 함께 로잔진영 안에서 교회의 사회적 책임을 지속적으로 강조해 온 급진적 복음주의자들, 예를 들어 르네 파딜라, 로날드 사이더, 사무엘 에스코바, 발디르 스토이어나겔 등이 그 영향력을 점차 가시화시켰다....케이프타운 서약문에는 로잔 선언문과 마닐라 선언문에서는 발견되지 않았던 선교의 포괄적 이해가 명백하다. 과거 전도의 우선성을 강조하였던 로잔의 입장이 분명하게 변화된 것이다. 이러한 선언문의 변화는 그동안 로잔진영 안에서 지속적으로 긴장의 핵심이 되어왔던 전도와 사회적 책임으로서의 교회의 임무 중에서 전도에 우선성이 있다는 로잔의 입장이 공식적으로 거부되고, 이 둘이 상호 동일한 무게를 가진다는 급진적 제자도의 입장을 반영한 결과였다고 할 수 있다.

박보경 교수도 2010년 3차 로잔대회 케이프타운 서약문에서 로잔이 전도의 우선성을 거부하고 사회적 책임이 전도와 동일한 무게를 가진다는 즉 로잔이 '총체적 선교'로의 방향성을 분명히 한 것이라 분석한다.

그렇다면 '총체적 선교'는 왜 문제가 되는 것일까? 안승오 교수는 같은 논문에서 '총체적 선교' 개념의 문제점을 다음과 같이 지적하고 있다.

첫째, 총체적 선교 개념에서 상정하는 종합적인 선교 목표가 과연 예수께서 말씀하신 선교 목표와 일치하는지의 문제다. 예수의 지상 사역 중 백성들은 예수가 자신들의 왕이 되어 자신들의 물질 문제, 질병 문제, 정치적 독립 문제 등을 모두 해결해주기를 원하였던 것으로 보인다. 하지만 예수께서는 "내 살을 먹고 내 피를 마시는 자는 영생을 가졌고 마지막 날에 내가 그를 다시 살리리니 내 살은 참된 양식이요 내 피는 참된 음료로다."요 6:54-55 라고 말씀하시면서 자신이 줄 것은 영생임을 암시하셨다. 그리고 당시 사회 구조악의 대표적 상징이라 할 수 있는 십자가를 무너뜨리지 않고 오히려 그 십자가를 지심으로 인류 구원의 길을 여셨다. 예수께서 만약 백성들의 원대로 왕이 되어 백성들의 요구를 충족해주셨다면 기독교는 어떻게 되었을까? 총체적 선교 개념을 가지고 세상 문제를 해결하는 것을 선교의 목표로 삼는다면 그것은 예수 당시 백성들의 요구를 추구하는 것과 별 차이가 없어지게 되고, 그 개념에 의한 선교는 자칫 선교가 핵심도 없이 세상이 추구하는 복지운동, 인권운동, 환경운동, 노동운동 등으로 전락 될 가능성이 없는지 고민할 필요가 있어 보인다.

둘째, 총체적 선교는 효율성 약화의 문제를 가져올 수 있다. 총체적 선교의 강조점 중의 하나는 우선순위 또는 핵심을 인정하지 않는 것이다. '개인구원'과 '사회구원' '복음화'와 '인간화' 또는 '복음전도 패러다임'과 '하나님의 선교 패러다임' 중 어느 하나를 핵심으로 인정하지 않는 것이다. 그런데 세상의 모든 일에는 핵심이 있고 그 핵심을 돕는 주변적인 사항이 있는 것이다. 이 둘을 구분하여 핵심을 놓치지 않는 것이 효율성을 높이고 일을 성공하게 하는 원리다. 핵심을 놓치고 모든 것을 다 동일하게 여기고 추구하는 선교의 한계점에 대해서는 에큐메니칼 학자인 이형기도 1975년 나이로비 대회에 대한 평가에서 "이런 의미에서 로져 바샴Bassham의 말대로 1975년의 나이로비 WCC는 '통전적 선교'Holistic Mission를 지향했다. 그러나 역시 19세기의 복음주의적 선교적 열의로부터는 멀어져만 갔다." 라고 지적한 바 있다. 전 세계 모든 교회가 그 엄청난 인력과 재정을 투입하여 수행하는 선교가 핵심도 없고, 방향도 없고, 그저 좋은 일이 다 선교라고 관점으로 선교를 수행하는 것은 효율성을 떨어뜨리는 일이 아닌지 고민할 필요가 있어 보인다.

셋째, 총체적 선교 안에는 복음화와 인간화의 반비례적인 성격 문제가 있다. 이것은 위르겐 몰트만이 잘 지적하고 있는데, 그는 "… 교회가 현대의 문제들에 부심하고 관계하면 할수록 자신의 기독교적 정체성이 더욱 더 위기에 떨어진다. 반면에 이들이 전통적인 교리들, 전통적인 기득권들 및 전통적 도덕 표준을 주장하려 하면 할수록, 이들은 현대의 문제들에 더욱 무관심하게 된다." 고 말하고, 이것을 "… '정체성-참여'Identity-Relevance의 딜레마라고 표현해야 더 정확하다." 고 분석한다. 즉 정체성을 강조하면서 복음화를 강조하면 사회참여가 약화되고, 사회참여를 강조하면 정체성이 약화되는 딜레마가 발생된다는 것이다. 이것은 옳고 그름의 문제이기 보다는 현실 세계에서 나타나는 인간의 한계라고 할 수 있을 것이다. 총체적 선교는 이 둘 사이의 반비례적인 상황을 고려하지 않고 모두 함께 추구하면서 결국 갈등을 일으킬 수 있는 복음화보다는 세계가 기대하는 평화와 참여쪽으로 기울면서 결국 복음

화의 약화로 이어질 수 있는 점을 고민할 필요가 있어 보인다.[47]

안승오 교수는 첫째로 '총체적 선교'의 선교 목표가 예수님께서 하셨던 사역의 목표와 상이함을 이야기 하고 있다. 한마디로 '총체적 선교'의 선교목표는 비성경적이라는 것이다.

둘째로 '총체적 선교'는 세상의 모든 문제를 해결하려고 하는 그래서 너무 많은 목표를 설정함으로 교회의 역량을 소모시킨다는 것이다. 결국 어느 것 하나 제대로 해결하지 못하며, 복음전도의 열의 또한 당연히 떨어지게 된다는 것이다.

셋째 '총체적 선교'의 목표인 복음화와 인간화는 서로 상충관계에 있다는 모순상황을 위르겐 몰트만의 말을 인용하여 이야기 하고 있다. 총체적 선교의 목표들은 서로 상보하는 관계가 아니라 서로 부딪히며 약화시킨다는 것이다. 인간화를 추구하면 기독교성은 약해지고, 기독교성을 강화하면 인간화가 약화되는 것이다. 같이 갈 수 없는 목표를 어떻게 동시에 품고 추구한단 말인가.

47 안승오. 제4차 로잔대회를 향한 제언. 복음과 선교 64.4 (2023): 265-267.

로잔과 WCC는 영적인 한 뿌리로서 영적 유산을 공유하고 있다

2013년 10월 부산에서 열린 제10차 WCC총회에 한국계 미국인으로 국제로잔의 총재가 된 마이클 오[오영석] 목사가 초청되어 연설하였다. 이 연설에서 국제로잔 총재 마이클 오는 로잔운동이 WCC와 영적으로 한 뿌리이며 영적 유산을 공유하고 있다고 말하고 지상명령 성취를 위해 국제로잔은 WCC와 적극적으로 대화·협력하겠다고 하였다. 마이클 오 목사의 해당 발언은 국민일보 등 기독교계 언론을 통하여 보도 되었으나 당시에 국내 기독교계에는 관심의 대상이 아니었고 그래서 큰 논란이 일지는 않았다.

그러나 2024년 9월 인천 송도 컨벤시아에서 열리는 제4차 로잔대회를 앞두고 2013 WCC부산총회에서의 마이클 오 로잔 총재의 연설 내용이 소환되었다. 이것은 SNS를 통해 빠른 속도로 교계에 알려지면서 이미 로잔의 정체성에 관한 논란이 일고 있던 국내 복음주의 진영에 다시 한 번 로잔대회와 관련한 큰 파문이 일어나는 기폭제가 되었다. 로잔대회에 관여하고 있던 목회자들과 선교단체 인사들 외에는 관심의 대상 밖에 있던 로잔대회에 대해 교역자가 아닌 일반 신자들까지도 알게 되었고 관심을 기울이게 되었으며 그로 인해 받은 충격이 적지 않았다. 한국교회는 10여년전 WCC 부산총회로 인한 충격파가 아직 가라앉지 않은 상태였다. 그런데 제2의 WCC라고 로잔대회를 간주할 수 있는 명백하고 쉬운 사건이 터진 것이다. 로잔대회에 관여하고 있던 목회자들에게는 담임하는 교회 성도들이 로잔대회가 과연 괜찮은 것이냐고 물어보거나 로잔대회에 목사님이 참여하는 것에 이의를 제기하는 것이 굉장히 큰 압박과 부담이 되었다. WCC는 종교통합운동이고 다원주의이며 그래서 배도행위라는 것이 한국교회 일반의 인식인 상태에서 이러한 파문이 일어난 것이다. 그래서 목회자들도 단편적으로 밖에는 알지 못했던 로잔운동에 대해 연구하는 계기도 되었던 것이다.

한국의 대다수의 복음주의적 교회들이 그동안 로잔운동에 대해 호의적인 입장을 취하고 있었던 것은 로잔대회가 WCC와는 노선을 달리하고 있는 순수 복음주의 선교운동이라 여기고 있었기 때문이었고, 어려운 신학 이론과 용어를 사용하는 전문가들의 로잔관련 논쟁은 일반 신자들이 이해하기 힘들었으므로 로잔대회의 신학적 문제를 파악하기가 어려웠던 것이 현실이었다. 그러나 마이클 오 총재의 WCC 총회 연설은 로잔대회가 WCC와 궤를 같이 하는 운동일 수 있다는 의구심을 증폭시켜준 중요한 사건으로 부각되었다.

[WCC부산총회] WCC총회서 연설 마이클 오 국제로잔 총재 "WCC와 영적 한 뿌리… 대화·협력하겠다" 국제로잔복음화운동[국제로잔]의 총재 마이클 오(42) 목사는 5일 국민일보와 인터뷰를 갖고 "세계교회협의회[WCC]는 폭력과 억압에 맞서 정의를 추구해왔다"면서 "국제로잔과 WCC는 1910년 영국 에든버러 선교대회의 영적 유산을 공유하고 있다"고 밝혔다. 국제로잔은 에큐메니컬 운동을 주도하는 WCC와 달리 보수적 복음주의를 대표하는 단체다. 1974년 스위스 로잔에서 열린 '세계복음화를 위한 국제회의'에서 탄생했으며 2010년 남아프리카공화국 케이

프타운에서 열린 제3차 로잔대회에는 198개국 4200여명의 교회 지도자가 참여했다. 재미교포 2세인 오 목사는 WCC의 초청으로 이번 총회에 참석, 이날 '일치' 주제회의에서 연설했다. 오 목사는 국제로잔은 크리스천의 사회적 책임을 강조한다고 말했다. 그는 "복음주의 운동의 대부로 불리는 존 스토트 목사는 '사회사업이 없는 복음전도는 무능하며 결함이 있다'고 말했다"면서 "국제로잔은 서약에서 '인간사회의 자유, 모든 억압으로부터의 자유, 정의라는 하나님의 관심'을 공유한다"고 소개했다. WCC와의 관계에 대해서는 "WCC는 1910년 영국 에든버러선교대회에 뿌리를 두고 있으며 국제로잔도 그 대회의 영적 후예"라며 "두 기구는 영적 유산을 공유하고 있으며 국제로잔은 지상명령 성취를 위해 WCC와의 대화를 적극 환영한다"고 밝혔다.[48]

로잔대회가 속칭 'WCC의 라벨 갈이'에 불과하다는 세간의 확산되는 의혹에 대하여 로잔준비위원회에서는 준비위 임원들과 신학자들을 동원하여 로잔은 WCC와 관계가 없으며, WCC에 반대하여 일어난 건전한 복음주의 선교운동이라는 것을 기자회견과 성명서를 통하여 여러 차례에 걸쳐 발표하였다. 대회준비에만도 바빴던 로잔측의 이러한 황급한 해명들은 '로잔도 WCC와 같다'라는 의혹이 한국 기독교계 일반의 인식으로 자리잡는다면, 2024년 9월 예정된 제4차 로잔대회가 행사로서는 성료된다 하더라도, 이후 로잔운동은 한국 기독교계에서 기반을 잃어 버리고 몰락할 수도 있기 때문이라는

48 백상현. WCC총회서 연설 마이클 오 국제로잔 총재 "WCC와 영적 한 뿌리… 대화·협력하겠다". 국민일보. 2013.11.6.

위기감에서 나온 것이었다.

이와 같이 로잔대회 관련한 논쟁의 핵심은 로잔의 정체성이며, 로잔의 정체성이 WCC와 유사한가의 문제인 것이다. 이제 여러 가지 팩트들과 신뢰할 만한 자료들을 동원하여 로잔의 정체성을 확인해 나갈 것이다.

국제로잔 총재 마이클오의 2013년 WCC부산총회 연설 중 로잔운동이 'WCC와 영적으로 한 뿌리'라고 했던 것은 로잔과 WCC가 1910년 영국 에든버러 세계선교대회의 영적 유산을 공유하고 있기 때문이라는 것이었다. 그래서 에든버러 세계선교대회에 관한 자료를 찾아보니 과연 그럴만한 이유가 있었음을 발견하게 되었다. 보통은 에든버러 세계선교대회를 순수 국제 복음주의 선교운동의 시작으로 여기고 있으나, 학계의 연구결과를 분석해 보면 반드시 그렇지만은 않다는 사실을 알 수 있었다. 20세기 기독교 선교세계 전체를 주도했던 '하나님의 선교' 개념과 '총체적 통전적 선교' 개념이 이미 20세기 초반 에든버러 세계선교대회에서 잉태되었던 것이다.

영남신학대학 정성한 박사는 '하나님의 선교'Missio Dei 개념의 기원과 형성에 관한 연구'에서 1910년 에든버러 세계선교대회가 포용성과 공동성을 앞세우며 교파간의 차이와 교리 논쟁을 배제하면서 선교를 위한 협력과 일치를 추구하는 대회였음을 밝히고 있으며, 또한 복음전도 외에도 19세기 독일의 자유주의적 개신교, 리츨의 문화개신교, 미국의 라우센부쉬 등의 종교사회주의의 영향을 받아 이 땅 위에 윤리적인 하나님의 나라 건설을 선교개념에 포함시켰음을 알리고 있다. 즉, 에든버러 대회는 단순히 복음전도를 통한 영혼구원 뿐만 아니라 기독교의 윤리적 이상을 이 땅에 실현하는 것을 목표로 삼았다는 것이다. 곧 훗날의 '하나님의 선교'Missio Dei에서 강조하는 사회참여를 에든버러 대회는 선교개념에 포함시켰다. 그리고 선교라는 대의를 위해 교리 논쟁을 배제하여 자유주의, 신정통주의 등 비성경적 세력들이 세계 선교운동에 합류하게 하는 기회의 문을 열어주는 것을 에든버러 대회가 시작한 것이다. 그리고 복음전도와 함께 이 땅에 하나님 나라 건설을 목표로 한 사회참여가 또한 선교라고 하는 총체적.통전적 선교 개념을 현재의 국제로잔과 WCC가 공통된 기반으로 삼고 있다는 것이 바로 에든버러 선교대회의 영적 유산을 공유하고 있다는 의미인 것이다.[49]

침례신학대학의 안희열 교수에 따르면 1910년 에든버러 세계선교사대회가 에큐메니칼 운동의 분수령이었다고 한다. 에든버러 대회는 '이 세대 안에 세계복음화'라는 목표를 이루기 위해 모든 교회들이 연합과 일치할 것을 강조하였고, 에든버러 대회의 개최자였던 존 모트는 연합의 범위를 사역에만 국한시키지 않고 교단까지 확대하여 성공회, 장로회, 회중교도, 침례교, 감리교처럼 교단을 따지지 않았고 교파별 연합을 강조하였다. 더욱이 에든버러 대회는 교단을 뛰어넘어 타종교와의 연합도 강조하였다: "우리는 로마 가톨릭 교회와도 연합이 가능하다고 믿는다. 기억할 것은 이들은 계급제도의 바티칸이 아니라 우리가 지속적으로 함께 할 수 있는 매우 헌신된 사람이라는 사실이다." 에든버러 대회 제8분과의 연합과 일치 추진위원회는 교회의 연합과 일치를 증진시키기 위해 이후 모임에서 이를 지속적으로 발전시켜 나갔다. 이

49 정성한. '하나님의 선교'(Missio Dei) 개념의 기원과 형성에 관한 연구. 신학과 목회 23.-(2005): 153-180.

와같이 에든버러대회는 '에큐메니칼 대회'의 성격을 지녔고, 이후의 선교대회는 로마가톨릭과 그리스정교회와의 연합과 일치까지 확대하는 모임으로 전개되어 에든버러대회는 훗날 에큐메니칼Ecumenical 진영과 복음주의 Evangelical 진영으로 나눠지게 하는 불씨를 초래하고 말았다.[50]

마이클 오 국제로잔 총재의 로잔대회와 WCC는 1910년 영국 에든버러 세계선교대회를 영적인 한 뿌리로 하고 있다는 발언의 또 다른 의미는 세계복음화를 이루기 위해서는 교단을 넘어 타종교인 가톨릭과도 연합해야 한다는 존 모트의 에큐메니칼적 이상을 공유하고 있다는 것이다.

'한국차세대 목회자연합을 비롯한 7개 단체'는 2024년 7월 1일 "로잔은 틀렸다"라는 제목의 성명서를 발표했다. 로잔대회 반대 기자회견에서 이들은 로잔대회가 성경에서 벗어난 반성경적신학의 토대 위에 세워졌으며, 로잔은 출발부터 WCC와 동일한 영적 토대에서 시작된 '제2의 WCC종교통합대회" 라며 격한 어조로 로잔을 비판하였다

–성명서–

발람의 꾀, 로잔!

로잔을 관통할 비느하스의 창

한국교회는 카톨릭–종교통합의 거짓과 배도의 역사에서 무엇을 배웠는가? 우리는 진실과 진리의 편이다. 잘라말한다. 지금 가증한 로잔의

50 안희열. 에딘버러 세계선교사대회와 존 모트의 선교동원. 복음과 선교 13.- (2010): 21-22.

금송아지를 부숴뜨려라. 그리고 그 죽음의 굿판을 당장 걷어치워라. 한 어머니에게서 잉태된 두 자녀 WCC-로잔대회는 틀렸다. 크게 틀렸다. 그 출발선부터! 실로 진실된 목소리를 기다렸다. 광야의 외치는 자의 소리를 고대했다. 한국교회의 성경적인 결단이 있기를 학수고대하고 있었다. 깨어있는 그리스도인들의 애통한 권고가 있었고, 빗발치는 호소에 당연히 로잔의 금송아지를 부숴뜨리고 오직 예수 그리스도께로 회개하고 돌아올 줄로 믿었다. 그런데 지금 당신들은 무슨 짓을 하고 있는가? 한국교회를 가톨릭-종교통합 배도의길로 인도하는 가증한 로잔의 제사장들이여. 숨겨졌던 7천 하나님의 사람들처럼, 엘리야의 심정으로 묻는다. 로잔총재 마이클 오, 공동대회장온누리교회 이재훈 목사, 준비위원장 WJM 유기성 목사, 부위원장 지구촌교회 최성은 목사, 주안장로교회 주승중 목사, KWMA 강대흥 목사, 중보기도 더사랑의교회 이인호 목사, 총무 대구동신교회 문대원 목사,실행총무 김흥주 목사, 총괄기획본부장 이대행 선교사님께 묻는다. 오직 성경, 오직 예수그리스도만을 마땅히 따라야 할 그대들은 어찌하여 영혼의 우아한 일부다처제를 꿈꾸는가? 하나님의 편에서 갈멜산에 오른 엘리야의 중심이 아니라, 어찌하여 바알의 제사장이 되어 이세벨의 명성과 재물을 갈구하는가? 당신들이 새빨간 거짓으로 꾸며대어 말하듯, 로잔대회는 WCC에 반대하여 나온 것이 아니다. 로잔 총재가 WCC 세계대회에 참여하여 스스로 밝혔듯 로잔은 1910년 에든버러 이후 함께 태어난 WCC와 태생부터 하나인 같은 신학적 어머니에게서 나온 영적 쌍둥이인 것이다. 로잔은 틀렸다. 국제로잔 총재 마이클 오는 2013년 WCC에 초청 받아 참가한 WCC 총회에서 "로잔과 WCC는 영적으로 한 뿌리"임을 스스스로 밝혔다. 로잔보고서는 이를 확증한다. WCC의 신학위원과 로잔의 신학위원 직책을 함께 맡아서 WCC와 로잔의 신학의 역사성을 일치시킨 인물, 커스틴 킴Kirsteen Kim은 로잔대회 홈페이지에 올린 자체 신학 보고서를 통해 WCC와 로잔은 한 어머니에게서 난 두 자녀라고 분명히 자신들의 신학적 정체성을 선언한다. 애든버러 2010 전체 코디네이터이기도 한 커스틴 킴Kirsteen Kim은 보고서를 통해 "IMC 와 WCC 합병으로 한 어머니 아래 다른 자녀가 탄생했다. 첫째는 WCC고 둘째 자녀는 로잔이다"고 밝혔다. 이는 이들이 이미 하나의 신학적 토대를 공유하고 있으며, 스스로 밝힌 바 그 어머니는, 개혁주의 신앙의 선배들과 웨스트민스터 교리표준이 적그리스도로 명시한 카톨릭 신학이다. 신앙의 선진들이 적그스도로 명시한 가톨릭-자유주의 신학에 몸 파는 여인처럼 스스로 WCC-WEA-NCCK- 로잔은 음녀 카톨릭과 손잡은 배도의 연결고리이고. 이것은 가증한 혼합이다. 아무리 유명한 인물과, 큰 교회가 이를 주도한다 해도, 그리스도인의 기준은 '세계적인 연대와 세력'이 아니다. 우리의 유일한 기준은 '오직 예수' 그리고 '오직 성경'이다. 종교통합 WCC-로잔은 바알의 금송아지요, 이스라엘을 멸망으로 인도하는 발람의 음행이다. 이를 두고 한계에 주의해서 참여하면 문제가 없다라는 망상적 관념의 양비론이 아니라. 한계에 주의해서 참여하는 것 자체가 문제가 있는 것이다. 스스로 속이는 기만과 망상에서 깨어나 진실을 바로 보아야 한다. 지금 한국교회에 필요한 것은 우상의 제단 로잔을 관통할 비느하스의 창이다! 민수기에서 거짓 선지자 발람은 모압 왕 발락에게 이스라엘을 진멸할 계책을 일러준다. 미디안의 음녀 신전 창기들이 이스라엘 백성들을 꾀어 바알브올의 음행에 참여케

한다. 이에 속은 이스라엘 백성들은 너무도 당당히 행음을 저지르며 우상의 제단에 바쳐진 죽음의 잔치에 참여한다. 지도자 시므리는 미디안 여인 고스비와 자기의 장막으로 들어가고 하나님의 진노가 일어 2만 4천이 죽는다. 이에 우리는 분명히 경고한다. 종교통합은 틀렸다. 우리에게 필요한 것은 거짓과의 야합이 아니다. '오직 예수', '오직 성경'이다. 오늘 우리에겐 다시, 토대로부터의 개혁이 필요하다. WCC, WEA, NCCK, 로잔은 발람의 꾀에서 나온 바알브올의 행음이다. 이는 하나님의 진노를 쌓는 더러운 행악이다. 하나님의 거룩한 교회와, 자녀들은 이를 바로 보고 우상의 제전에 동참하지 말고 사단의 올무에서 반드시 빠져나와야 할 것이다. 착각을 깨라. 우상의 제단에 떨어질 것은 여호와의 불이 아니다. 종교통합의 중심부에 거짓의 제단을 허무는 창, 하나님의 심판이 임할 것이다. 오늘로 우리는 WCC-WEA를 반대하고 막아섰던 것처럼, 로잔을 반대하는 깨어있는 그리스도인의 거룩한 연대로 일어선다. 로잔은 자신이 카톨릭-WCC와 한 뿌리가 아니라는 것을 떳떳이 밝힐 수 있는가? 그렇다면 누구의 말이 명명백백한지 공개 토론을 제안한다. 오직 우리는 주의 은혜만을 갈구한다. 오늘 한국교회에 필요한 것은 진실로 하나님의 마음이 부어진 엘리야 한 사람, 비느하스의 창 한 자루이다. 바알의 제단을 헐고, 바알브올의 금송아지를 관통할 성령의 검이다. 카톨릭의 거대한 성채를 무너뜨리기위해 여리고를 무너트린 나팔 하나를 구했던 마틴 루터처럼. 여호와의 산에 올라 죽음의 굿판을 태워버린 성령의 불을 구했던 엘리야처럼. 이 민족 가운데 모든 거짓을 소멸할 성령의 불이 임하길 기도한다.

2024.07.01

-한국교회 차세대 목회자연합

-한국 개혁주의 신학생연합

-WCC-WEA-NCCK-로잔 반대연대

-대신,고신,합신,예감,기침WCC-WEA-로잔을 반대하는 목회자연대

-남북대학생총연합

-통일한국재건을위한 국제청년연맹

-REBUILDER REFORMED

2024년 7월 1일 기자회견을 열고 발표된 '한국교회차세대목회자연합 등 7개 단체'의 '발람의 꾀, 로잔! 로잔은 틀렸다'라는 제목의 성명서는 로잔이 WCC와 한 부모에게서 나온 형제로서 WCC와 다를 바 없는 세계종교통합운동의 도구일 뿐이라고 주장하였다. 지금까지 공식적으로 나온 로잔대회에 대한 비판 성명서 중 가장 수위가 높은 것이었다.

이와 같은 주장의 논거로서 이들은 로잔운동 홈페이지https://lausanne.org에 게재된 커스틴 킴 박사Kirsteen Kim : 세계 기독교 연구소 폴 피어슨 석좌교수, 미국 풀러 신학교 선교학 연구 센터 부학장. 에딘버러 2010 프로젝트 연구 코디네이터. 로잔 신학위원회 위원. WCC 세계 선교와 전도위원회CWME 위원의 2021년 7월 분석보고서 '에든버러 2010을 넘어서[부제 : 1910 에딘버러 세계선교대회 이후 선교의 현주소]'의 내용을 들고 있는데, 보고서의 관련 내용 일부를 아래와 같이 살펴보았다.

"1978년에 캘리포니아 패서디나의 풀러 신학교에서 교수로 역임했고 그 당시 미국세계선교센터의 책임자인 랄프 윈터Ralph Winter는 그가 20년 전에 '결혼'이라고 일컬어온 일을 돌아보았다. 그는 1910 에든버러 세계선교대회의 계속위원회로 출발한 국제선교협의회International Missionary Council 같은 뿌리에서 나온 세계교회협의회World Council of Churches에 합병된 결정이 가나의 아크라에서 이루어졌다고 언급했다. 그것은 IMC와 WCC의 통합이 서구 기관들과 이전에 식민지화된 국가들, 즉 제3세계 교회들 간의 선교를 위한 구조적 연합을 이루도록 의도된 결정이었다. 그러나 윈터는 사실상, 이 '합병'marriage이 상이한 세 '자녀들'을 낳았다고 주장했다.

첫 번째 자녀는 WCC 세계 선교와 전도위원회CWME Commission for World Mission and Evangelism였다. 두 번째 자녀는 스위스 로잔에서 역사적인 첫 번째 대회를 열었던 로잔운동이었다. 세 번째 '가나의 자녀'는 윈터와 다른 미국 선교학자들이 '타문화 선교 사역'에 헌신한 선교사들의 결집을 위해 초안을 잡은 '부르심'에서 구상되었다.

2010년도를 돌아보면서 나는 윈터의 예측이 대체로 성취되었다는 생각이 든다. 에든버러 세계선교대회 100주년을 맞아 윈터가 말한 '가나의 세 자녀들'은 각각 대규모 행사를 열었다. 에든버러 2010은 WCC의 후원을 받았으므로 에든버러 1910의 제도적 계승자였다. 이 대회는 특히 존 모트John Mott가 에든버러 1910의 폐회 연설에서 스스로 그리스도인이라고 하는 모든 사람들 - 현재 '세계 기독교'와 유사한 - 과 함께 이룰 교회의 전 세계적인 성장을 언급하면서 '확산되는 그리스도'a larger Christ에 대해 상세하게 설명한 비전을 포착했다.

로잔 운동이 2010년 케이프타운에서 개최한 제3차 세계 복음화를 위한 로잔 대회는 세계 복음화에 주목한 에든버러 1910의 비전에 기초하여 제1차 로잔대회에서 제시된 '온 교회가 온전한 복음을 온 세상에 전하자'는 표어를 해석했다. 이 대회는 위대한 계명Great Commandment에 근거하여 대위임령Great Commission을 설정함으로써 선교에 대한 이해의 깊이와 넓이를 확장했다.

도쿄 2010은 윈터에 의해 고안되었는데, 에든버러 1910이 전 세계 미전도 종족에게 다가가려는 타문화 선교사들을 결집하려는 대회임을 강조했다. 이 대회는 현대선교 운동이 다양한 멤버십과 다양한 방향성을 갖고 있다는 사실을 강조했다.

윈터는 에드버러 세계선교대회 100주년을 맞아 단일 대회를 희망했지만, 글로벌 선교 네트워크의 다양성을 문제 삼지 않고 그것을 '생산적인 결혼'으로 표현했다. 필자는 한 부모 아래 태어난 이런 여러 행사들이 에든버러 1910을 충실하게 회고하면서도 각기 다른 방식으로 작용했다는 것에 동의한다. 그들은 예수 그리스도의 좋은 소식을 나누려는 공동의 열망을 분명히 밝혔기 때문에 세 자녀 모두가 서로에게서 배우고 협력해야 한다는 교훈을 얻는다."[51]

로잔의 공식 입장이라는 것을 부인하기 어려워 보이는 커스틴 킴 박사의 '에든버러 2010을 넘어서' 보고서는 '한국교회차세대목회자연합 등'이 발표한 성명서의 아래와 같은 주장이 근거없는 낭설이 아니며 사실에 근거하고 있음을 보여준다.

게다가 커스틴 킴 박사는 로잔의 신학위원회 위원이면서 동시에 WCC의 세계 선교와 전도위원회[CWME]의 위원이기도 하다. CWME는 1961년 WCC와의 합병이전에는 국제선교협의회[IMC]였다. 로잔의 신학을 만들어 가는 주요 인사들이 WCC에도 깊숙하게 관여하고 있으니 로잔과 WCC 둘 사이의 유사성은 한층 더해가기만 할 것이 분명해 보인다. 제3차 로잔 케이프타운대회에 참석한 4,000여 명중 40% 가량이 WCC에도 참여하고 있다고 한다.[52]

앞서 이야기 했듯이 국제로잔 총재 마이클 오는 2013년 WCC 총회에서 "로잔과 WCC는 영적으로 한 뿌리"임을 스스로 밝혔다. 커스틴 킴의 로잔보고서는 이를 확증한다.

"WCC의 신학위원과 로잔의 신학위원 직책을 함께 맡아서 WCC와 로잔의 신학의 역사성을 일치시킨 인물, 커스틴 킴[Kirsteen Kim]은 로잔대회 홈페이지에

51 https://lausanne.org/ko/global-analysis/에든버러-2010을-넘어서

52 김은수. 케이프타운 서약과 로잔문서의 선교적 성찰. 선교신학 50.- (2018): 64.

올린 자체 신학 보고서를 통해 WCC와 로잔은 한 어머니에게서 난 두 자녀라고 분명히 자신들의 신학적 정체성을 선언하였다. 애든버러 2010 전체 코디네이터이기도 한 커스틴 킴Kirsteen Kim은 보고서를 통해 IMC와 WCC의 합병으로 한 어머니 아래 다른 자녀가 탄생했다. 첫째는 WCC고 둘째 자녀는 로잔이다고 밝혔다."[53]

커스틴 킴 박사의 로잔 보고서 '에든버러 2010을 넘어서'의 내용 중에서

"...1910 에든버러 세계선교대회의 계속위원회로 출발한 국제선교협의회IMC International Missionary Council가 같은 뿌리에서 나온 세계교회협의회WCC World Council of Churches 에 합병된 결정이 가나의 아크라에서 이루어졌다고 언급했다. 그것은 IMC와 WCC의 통합이 서구 기관들과 이전에 식민지화된 국가들, 즉 제3세계 교회들 간의 선교를 위한 구조적 연합을 이루도록 의도된 결정이었다...이 '합병'이 상이한 세 '자녀들'을 낳았다고 주장했다. 첫 번째 자녀는 WCC 세계 선교와 전도위원회CWME Commission for World Mission and Evangelism 였다. 두 번째 자녀는 스위스 로잔에서 역사적인 첫 번째 대회를 열었던 로잔 운동이었다.....". 라는 부분이 있다.

이 로잔 보고서는 1910년 에든버러 세계선교대회의 '계속위원회'로 출발한 IMC국제선교협의회가 WCC세계교회협의회와 같은 뿌리에서 나왔다고 하고 있다. 그리고 같은 뿌리 즉 '에든버러 대회'에서 나온 두 단체가 합병하여 낳은 세 자녀 중의 하나가 바로 WCC이며, 다른 하나가 로잔대회라고 분명히 하고 있

53 한국교회차세대목회자연합 등 7개 단체. "발람의 꾀, 로잔! 로잔은 틀렸다" 성명서. 2024.7.1.

다.

조진모 박사는 에든버러 세계선교대회가 현대 에큐메니칼 운동의 시발점이 되었고, 에든버러 선교대회의 결과로 태어나게 된 WCC가 복음의 의미를 확대하여 해석하며 교리적 독특성을 포기하는 결과를 가져오게 되었다고 평가한다. 그리고 에든버러 선교대회의 후속으로 탄생한 IMC국제선교협의회가 WCC의 본질적 토대가 되었음을 밝히고 있다.

"1910년 6월에 세계의 169개 교파에서 파송한 1,200명이 넘는 선교사들이 스코틀랜드의 에든버러에 모였다. 존 모트John R. Mott 박사가 의장이 되어 역사적인 WMC세계선교대회: World Mission Conference가 개최되었다. 자연적으로 이 모임에서 논의된 주된 내용은, 선교 현장에서 야기되는 선교사들 간의 문제를 극복하고 단결된 자세로 전 세계에 복음을 전하자는 것이었다. 에든버러 선교대회는 현대 에큐메니칼 운동의 시발점으로서, 세계 교회의 연합을 통한 협력체제의 제도화에 대한 열망을 더해 주었다. 그 결과 향후 WCC는 복음의 의미를 확대하여 해석하는 동시에 교리적 독특성을 포기하는 필연의 결과가 생겨나게 되었다. 1910년 에든버러 선교대회가 개최된 이후 향후 WCC의 본질적 토대가 되는 세 가지의 중요한 에큐메니칼 운동 기구가 생겨났다. IMC국제선교협의회 : International Missionary Council는 1921년 10월에 미국 뉴욕 근교에서 첫 모임을 가졌다."[54] 그렇다면 WCC의 토대가 되었으며, 1961에 WCC와 합병하여 현재는 WCC 산하의 CWME세계선교와전도위원회로 활동

54 조진모. WCC의 역사에 나타난 세 가지 중심축의 상호관계 연구. 신학정론 28.2 (2010): 435-436.

하고 있는 과거 IMC국제선교협의회는 어떤 성격의 단체였을까?

정성한 박사는 '하나님의 선교'Missio Dei 개념의 기원과 형성에 관한 연구'에서 1910년 에든버러 세계선교대회가 모더니즘 패러다임의 선교 개념을 갖고 있었다면, 1928년 예루살렘 국제선교협의회IMC는 포스트 모더니즘 시대를 반영하는 선교개념을 보였다고 평가한다.

"예루살렘 국제선교협의회는 바르트, 브룬너, 불트만, 고가르텐 등의 신정통주의 신학의 영향아래 있었으며, 구두로 선포하는 복음선포를 넘어 사회와 역사를 변혁시키는 것을 포함하는 복음 선포를 주장하였다. 인종관계, 아시아와 아프리카의 산업화에 따른 문제들과 관련된 기독교 선교의 문제, 아시아와 아프리카의 농촌문제에 관련된 기독교 선교 등의 주제로 교회의 사회적 책임을 '선교' 개념에 포함시켰다. 1952년 독일 빌링겐에서 열렸던 국제선교협의회(IMC)는 교회가 하나님의 선교에 참여하기 위하여 이 세상속으로 파송되었음을 강조하며, '하나님의 선교'Missio Dei 개념으로 전통적인 '교회의 선교'Missio Ecclessiae개념을 대체해 버리고 말았다. 이 '하나님의 선교'라는 용어는 1950년대에 국제선교협의회 안에 있는 영국의 개신교 단체들이 선교신학의 근거로 사용한데서 기원하였다. '하나님의 선교' 는 탐바람[1939], 휫비[1947] 국제선교협의회를 거치면서 개념이 발전되었고, 네덜란드의 호켄다이크가 1952년 빌링겐 국제선교협의회를 앞두고 하나님 중심의 선교 즉 세상에서 하나님이 하시는 일들 곧 정치, 경제, 사회 등 인간사 모든 삶의 영역들을 선교의 장으로 삼을 것을 역설한데 크게 힘입어 '교회의 선교' 개념을 밀어내 버린 것이다. 이것을 다른 말로 '삼위일체 선교신학'이라고도 한다.

'하나님의 선교'Missio Dei는 1961년 뉴델리 WCC총회가 채택한 'WCC교리헌장'의 삼위일체 신학의 전주곡이 되었다."[55]

국제선교협의회IMC는 교회의 사회참여, 사회적책임, 사회행동 등을 통하여 역사와 사회를 변혁하는 것까지 본격적으로 선교 개념에 포함시킨 선구자였고, 인간사 모든 영역의 일들까지 선교의 영역이며 교회는 그 일에 동참하는 기구들 중의 하나일 뿐이라는 '하나님의 선교'Missio Dei, '삼위일체 선교신학'을 사실상 만들어내어 세계 기독교계에 확산시킨 단체라고 할 수 있다. 그런 의미에서 WCC의 본질적 토대라고 부를 수 있는 것이다.

이런 맥락에서 보면 국제로잔 총재 마이클 오의 2013년 WCC부산총회 석상에서의 발언은 의미심장한 것이다. 로잔이 단순히 세계선교의 대의를 위해 WCC와 대화 협력하겠다는 의도로 이와 같은 발언을 한 것이 아님이 분명해진 것이다.

진실로 로잔은 WCC와 영적으로 뿌리를 같이 하는 형제인 것이다.

지금도 1910년 에든버러 선교대회의 영적유산 곧 복음전도를 통한 영혼구원, 세계복음화 뿐만 아니라 에든버러 대회가 타협적으로 수용했던 기독교 사회주의의 노선인 '인간화'의 이념을 선교의 목표로 공유하고 있다는 것을 로잔은 마이클 오 총재를 통해 확인해 주고 있는 것이다.

55 정성한. '하나님의 선교'(Missio Dei) 개념의 기원과 형성에 관한 연구. 신학과 목회 23.-(2005): 156-161.

마이클 오 총재의 WCC 총회연설에서 이어진 발언 "국제로잔은 서약에서 '인간사회의 자유, 모든 억압으로부터의 자유, 정의라는 하나님의 관심'을 공유한다"는 WCC가 추구하는 세상의 정의, 평화, 인간화 등 사회적 책임, 사회구원 등에 로잔도 기본적인 노선을 같이하고 있다는 것이다. 현재의 로잔이 왜 복음전도의 우선성을 포기하고 WCC적인 모습을 보이고 있는지의 근본적인 이유가 여기에 있는 것이다. 둘은 한 부모에게서 난 자녀와 같이 그 근본이 같기 때문이다.

로잔이 WCC와의 연합을 도모하고 있다는 것을 로잔측에서는 부인하고 있다. 선교를 위한 협력이라 이야기 한다. 선교를 위해서는 누구와도 협력할 수 있다고 말이다. 그러나 대화와 협력으로 그치는 것이 아니라 연합으로 나아가고 있다는 데에 문제의 본질이 있다. 로잔은 WCC뿐만 아니라 가톨릭, 정교회 등과의 연합도 도모하고 있다.

"복음주의 교회는 기독교 신앙의 역사적인 교회들과의 관계에서 진전을 이룰 것입니다. 우리가 가톨릭, 정교회, 에큐메니칼 교회에 친교의 손을 뻗어야 하는 것도 이와 같은 겸손과 통합의 정신입니다"_국제로잔 총재 더그 버드셀 Doug Birdsall

2010년 케이프타운에서 열린 제3차 로잔대회의 의장이었고, 국제로잔위원회의 총재를 지낸 더그 버드셀Doug Birdsall박사가 케이프타운 대회 직후 2010년 12월 발행된 '로잔월드펄스'에 발행인 메모로 게재한 글이다. 버드셀은 '로잔월드펄스'의 공동발행인이기도 하다.

로잔측에서는 이 글이 국제로잔의 공식적인 입장이 아니라 더그 버드셀 개인의 의견이라고 주장할 것이다. 그러나 국제로잔의 집행위원장이 로잔이 발행하는 공식 매거진을 통하여 발표한 글을 사사로운 개인의 의견이라고 받아들이는 사람이 얼마나 될까? 오히려 그것이 로잔의 입장이라고 여기는 경우가 대부분일 것이다. 이와 같은 글이 로잔의 공식입장이 아니라고 여기는 것이 이상한 일일 것이다. 로잔의 집행위원장이며 로잔월드펄스의 발행인이라는 고위급 포지션은 로잔의 방향을 인도해가는 자리임에 틀림없다. 이런 비중있는 인사가 로잔의 기관지격인 로잔월드펄스에 '발행인 메모'로 게재한 글은 로잔의 공식입장 아니면 최소한 로잔을 이끌어 가는 그룹의 향후 방향성을 알려주는 중대한 표지라고 할 수 있겠다.

더그 버드셀 박사는 이 글의 2페이지 두 번째 단락에서 복음주의 교회 즉 로잔은 가톨릭, 정교회, 에큐메니칼[WCC]에 손을 뻗어야 한다고 주장하고 있다. 이는 명백히 로잔이 부인하며 반대한다는 WCC와 동일한 스탠스인 것이다. '선교'를 위해서는 누구와도 연합할 수 있고 또 연합해야 한다는 방향으로 로잔은 달려간다는 것이다. 이것은 2010년에 게재된 글이고, 2020년에는 그렇게 되었으면 좋겠다는 소망이며, 소망인 동시에 로잔 집행위원장으로서 로잔을 선도해 나가는 방향성과 목표인 것이다. 이것은 WCC에 반대하는 복음주의자들에 의하여 탄생되었다는 로잔대회가 왜 WCC와 비슷한 모습을 보이며 WCC의 길로 가고 있는지 알 수 있는 여러 단편중의 하나이며 또한 강력한 증거이다.

"…the evangelical Church will make progress in its relationships with the historic churches of the Christian faith. It is in this same spirit of humility and integrity that we must extend the hand of fellowship to the Catholic, Orthodox, and Ecumenical Church. We must embrace those in renewal movements, such as the Pentecostal, Charismatic, and Emergent. It is only in community with the churches of the past and of the present and future that the Church as a whole can move forward as a powerful witness in the world.

복음주의 교회는 기독교 신앙의 역사적인 교회들과의 관계에서 진전을 이룰 것입니다. 우리가 가톨릭, 정교회, 에큐메니칼 교회에 친교의 손을 뻗어야 하는 것도 이와 같은 겸손과 통합의 정신입니다. 우리는 오순절파, 카리스마틱 은사주의 운동계열, 그리고 '이머징 처치'와 같은 갱신 운동의 사람들을 포용해야 합니다. 교회 전체가 세상에서 강력한 증인으로 전진할 수 있는 길은 과거와 현재, 미래의 교회들과의 공동체 안에서만 가능합니다."

더그 버드셀의 글 원문과 번역문을 함께 소개한다.

Lausanne World Pulse
December 2010
PUBLISHER'S MEMO

Pressing on towards 2020 in Humility, Reflection, and Hope
By Doug Birdsall

Then I saw a new heaven and a new earth, for the first heaven and the first earth had passed away, and there was no longer any sea. I saw the

Holy City, the new Jerusalem, coming down out of heaven from God, prepared as a bride beautifully dressed for her husband. And I heard a loud voice from the throne saying, "Now the dwelling of God is with men, and he will live with them. They will be his people, and God himself will be with them and be their God. He will wipe every tear from their eyes. There will be no more death or mourning or crying or pain, for the old order of things has passed away. He who was seated on the throne said, "I am making everything new!" Revelation 21:1-5

또 내가 새 하늘과 새 땅을 보니 처음 하늘과 처음 땅이 없어졌고 바다도 다시 있지 않더라. 나는 거룩한 성 새 예루살렘이 하나님께로부터 하늘에서 내려오는 것을 보았으니 그 예비한 것은 신부가 남편을 위하여 아름답게 단장한 것 같더라. 내가 들으니 보좌에서 큰 음성이 나서 이르되 이제 하나님의 장막이 사람들과 함께 있으매 하나님께서 그들과 함께 거하시리니 그들은 하나님의 백성이 되고 하나님은 친히 그들과 함께 계시며 그들의 하나님이 되시리라 다시는 사망이 없고 애통하는 것이나 곡하는 것이나 아픈 것이 없으리니 이는 옛 질서가 지나갔음이라 보좌에 앉으신 이가 말씀하시되 내가 만물을 새롭게 하느니라계 21:1-5

I consider that our present sufferings are not worth comparing with the glory that will be revealed in us. The creation waits in eager expectation for the sons of God to be revealed…For in this hope we were saved. But hope that is seen is no hope at all. Who hopes for what he already has? But if we hope for what we do not yet have, we wait for it patiently." Romans 8:18-19, 24-25

생각하건대 현재의 고난은 장차 우리에게 나타날 영광과 비교할 수 없도다 피조물이 고대하는 바는 하나님의 아들들이 나타나는 것이니 우리가 소망으로 구원을 얻었으매 보이는 소망이 소망이 아니니 보는 것을 누가 바라리요 만일 우리가 보지 못하는 것을 바라면 참음으로 기다릴지니라 롬 8:18-19, 24-25

As we come to the end of 2010 and look ahead to 2011, as with every New Year celebrated around the world, we look back and remember the times behind us and look ahead with hope to start anew. And so it is for each milestone we celebrate throughout our lives. From the birth of new family members, birthdays, rites of passage, weddings, retirements, even funerals mark the beginning of new life in paradise with Christ.
2010년의 끝을 맞이하고 2011년을 내다보며 전 세계가 새해를 맞이할 때마다 과거를 되돌아보고 기억하며 새롭게 시작하겠다는 희망을 품고 앞을 내다봅니다. 우리가 평생 동안 기념하는 각 이정표도 마찬가지입니다. 새로운 가족 구성원의 탄생부터 생일, 통과 의례, 결혼식, 은퇴, 심지어 장례식까지도 그리스도와 함께 낙원에서 새로운 삶의 시작을 의미합니다.

It is the freshness of a new time of our lives, of things unmarked and unmarred, that beckons our hearts to draw closer in hope. It is only right and biblical that our hearts yearn for this. Genesis to Revelation illustrates how things started out in the purity and holiness of God, but was marred by sin. Yet the story ends triumphantly with the glorious new re-creation of how things ought to and will be.

우리 삶의 새로운 시대, 흠집 하나 없는 것들의 신선함이 우리 마음을 희망으로 더 가까이 다가가도록 손짓합니다. 우리 마음이 이것을 갈망하는 것은 옳고 성경적인 일입니다. 창세기부터 요한계시록까지는 모든 일이 어떻게 하나님의 순결과 거룩함으로 시작되었으나 죄로 인해 훼손되었는지를 보여줍니다. 그러나 이야기는 사물이 어떻게 되어야 하고 어떻게 될 것인지에 대한 영광스러운 새로운 재창조로 성공적으로 끝납니다.

And yet, right now we occupy the time and space in between Genesis and Revelation. As our brother Isaiah Dau [Sudan] writes, "We live in the tension of faith and suffering, even as we walk in the 'already and the not yet'…. This faith offers us the option of continuing to trust God, even while we accept the limits of our humanity…"

그러나 지금 우리는 창세기와 계시록 사이의 시간과 공간을 차지하고 있습니다. 우리 형제 이사야 다우[수단]는 이렇게 썼습니다. "우리는 '이미와 아직'의 길을 걷고 있을 때에도 믿음과 고통의 긴장 속에 살고 있습니다… 이 믿음은 우리가 인간성의 한계를 받아들이는 동안에도 계속해서 하나님을 신뢰할 수 있는 선택권을 제공합니다…"

This faith calls us to keep our eyes fixed on the hope of new creation that is promised in Christ and that will be fulfilled by his strength and his spirit, not our own Zechariah 4:6

이 믿음은 그리스도 안에서 약속된 새 창조의 소망, 우리 자신의 힘이 아닌 그의 힘과 영으로 성취될 새 창조의 소망에 우리의 눈을 고정시키라고 요구합니다.

This is what Billy Graham spoke of as the "Spirit of Lausanne" in his opening address of the first International Congress on World Evangelization in Lausanne, Switzerland, in 1974. It is a spirit of humility, reflection, and hope. It is in this spirit that we just concluded the Third Lausanne Congress: Cape Town 2010. It is in this spirit of humility, reflection, and hope that we continue to press on towards 2020 with the goals, energy, and momentum gained from Cape Town 2010.

이것이 바로 빌리 그레함 목사님이 1974년 스위스 로잔에서 열린 제1차 세계 복음화 국제회의 개회사에서 "로잔의 정신"이라고 말한 것입니다. 그것은 겸손과 성찰과 희망의 정신입니다. 이러한 정신으로 우리는 제3차 로잔총회: 케이프타운 2010을 마무리했습니다. 이러한 겸손, 성찰, 희망의 정신으로 케이프타운 2010에서 얻은 목표, 에너지, 추진력을 바탕으로 우리는 계속해서 2020년을 향해 전진해 나가고 있습니다.

It is my hope in 2020 that…

저는 아래와 같은 일들이 2020년에는 성취되어지기를 소망합니다.

…as spoken by Chris Wright, we work towards nothing less than a twenty-first-century reformation of the Church. We must courageously engage in honest, prophetic self-critique and work towards making the

Church his Church once again. We must call upon his grace and mercy, and the power of the Holy Spirit to make his Church marked by humility, integrity, and simplicity.

크리스토퍼 라이트가 말했듯이 우리는 다름 아닌 21세기 교회 개혁을 위해 노력하고 있습니다. 우리는 용기 있게 정직하고 예언적인 자기비판에 참여하고 교회를 다시 한번 그분의 교회로 만들기 위해 노력해야 합니다. 우리는 그분의 교회가 겸손과 성실, 단순함으로 특징지어지도록 그분의 은혜와 자비, 그리고 성령의 능력을 구해야 합니다.

…the evangelical Church will make progress in its relationships with the historic churches of the Christian faith. It is in this same spirit of humility and integrity that we must extend the hand of fellowship to the Catholic, Orthodox, and Ecumenical Church. We must embrace those in renewal movements, such as the Pentecostal, Charismatic, and Emergent. It is only in community with the churches of the past and of the present and future that the Church as a whole can move forward as a powerful witness in the world.

복음주의 교회는 기독교 신앙의 역사적인 교회들과의 관계에서 진전을 이룰 것입니다. 우리가 가톨릭, 정교회, 에큐메니칼 교회에 친교의 손을 뻗어야 하는 것도 이와 같은 겸손과 통합의 정신입니다. 우리는 오순절파, 카리스마틱 은사주의 운동계열, 그리고 '이머징 교회'와 같은 갱신 운동의 사람들을 포용해야 합니다. 교회 전체가 세상에서 강력한 증인으로 전진할 수 있는 길은 과거와 현재, 미래의 교회들과의 공동체 안에서만 가능합니다.

…there will be greater authenticity in the Body of Christ and that the Church will move away from the individualism, hedonism, and fragmentation of our day, and towards humility, integrity, and especially simplicity. My hope is that the prosperity gospel so prevalent around the world today—as well as other problematic movements that often lead to self-aggrandizement and megalomania [e.g., mega-churches and the apostolic movement]—would be on the wane.

...그리스도의 몸에는 더 큰 진정성이 있을 것이며, 교회는 오늘날의 개인주의, 쾌락주의, 단편화에서 벗어나 겸손과 성실, 특히 단순성을 향해 나아갈 것입니다. 나의 희망은 오늘날 전 세계에 널리 퍼져 있는 번영 복음과 종종 자기 확대와 과대망상증으로 이어지는 문제가 있는 다른 운동[예: 대형 교회 및 사도운동]이 쇠퇴하기를 바라는 것입니다.

…a new generation of leaders [especially from the global South] first identified at the 2006 Lausanne Younger Leaders Gathering will be further utilized. It is my hope that they will further develop and share one Spirit, one mind, one heart—and that in this unity they will lead our Church towards greater fellowship and authenticity.

...2006년 로잔 젊은 지도자 모임에서 처음으로 확인된 새로운 세대의 지도자들(특히 남반구 출신)이 더욱 활용될 것입니다. 저는 그들이 한 성령, 한 생각, 한 마음을 더욱 발전시키고 공유하기를 바랍니다. 그리고 이러한 일치 속에서 그들이 우리 교회를 더 큰 친교와 진실성을 향해 이끌어 주기를 바랍니다.

…the Church will be established in places where it has not yet been established. My hope is not to evangelize the world in specific terms on a specific timeline, but rather with a sense of unity, joy, hopefulness, and authenticity. My hope is to establish churches in unreached areas not by a specific method or timeline, but rather with the right spirit and heart, moving towards longer-term goals.

…교회는 아직 세워지지 않은 곳에 세워질 것입니다. 나의 희망은 특정한 시간표에 따라 특정한 용어로 세계를 복음화하는 것이 아니라 오히려 통일감, 기쁨, 희망, 진정성을 가지고 세계를 복음화하는 것입니다. 나의 소망은 특정한 방법이나 일정에 따라 미전도 지역에 교회를 세우는 것이 아니라 올바른 정신과 마음으로 장기적인 목표를 향해 나아가는 것입니다.

…the Church will reclaim the university halls and classrooms for the Church to lead the way in caring for the needs of children and the powerless. It is my hope that the spirit of the first-century Church will be renewed in our day where the widows, children, and the powerless were cared for first and foremost by Christians. It was Christians who made it a priority to care for the powerless and the voiceless as they themselves often were the very same in the first century. It is Christians today who must return to identifying with the poor, powerless, and voiceless, and return to setting the standard in their care.

…교회는 교회가 어린이와 힘없는 사람들의 필요 사항을 돌보는 길을 선도할 수 있도록 대학 강당과 강의실을 되찾을 것입니다. 과부, 어린이, 힘없는 사람들을 그리스도인들이 가장 먼저 돌보던 1세기 교회의 정신이 우리 시대에 새

로워지기를 바랍니다. 무력하고 말이 없는 사람들을 돌보는 일을 우선순위로 삼은 사람들은 1세기에도 그들 자신이 종종 똑같았기 때문에 그리스도인들이었습니다. 오늘날 그리스도인들은 가난하고 힘없고 말이 없는 사람들과 동일시하고 그들을 돌보는 표준을 세우는 일로 돌아가야 합니다.

It is with this Spirit of humility, integrity, simplicity, and most importantly hope, that we face the great and many challenges of the new decade ahead. Just as the men of Issachar were noted for understanding their times and knowing what Israel should do 1 Chronicles 12:32, so too must we continue to seek the Lord to become men and women with keen perception of our times who develop vision to grapple with the issues.
겸손, 진실성, 단순함, 그리고 가장 중요한 희망의 정신으로 우리는 다가올 새로운 10년의 크고 많은 도전에 직면하게 됩니다. 잇사갈 사람들이 자기 시대를 이해하고 이스라엘이 무엇을 해야 할지 아는 것으로 유명했던 것처럼대상 12:32, 우리도 우리 시대를 예리하게 인식하고 미래에 대한 비전을 발전시키는 남자와 여자가 되도록 계속해서 주님을 찾아야 합니다. 문제와 씨름하세요.

Doug Birdsall is executive chair of the Lausanne Committee for World Evangelization. He served as president of Asian Access from 1991 to 2007 and continues to serve on their board of directors. Birdsall is a graduate of Wheaton College, Gordon-Conwell Theological Seminary and Harvard University. He is co-publisher of Lausanne World Pulse.

더그 버드셀Doug Birdsall은 로잔 세계복음화위원회의 총재입니다. 그는 1991년부터 2007년까지 아시안 액세스Asian Access의 회장을 역임했으며 계속해서 이사회에서 활동하고 있습니다. 버드셀은 휘튼대학교, 고든콘웰신학대학원 및 하버드대학교를 졸업했습니다. 그는 로잔월드펄스의 공동 발행인입니다.

이와 같이 전임 국제로잔 총재 더그 버드셀도 현 국제로잔 총재 마이클 오와 마찬가지로 가톨릭, 정교회, WCC와의 친교와 협력을 공식적으로 천명하고 있는 것을 알 수 있으며, 이는 로잔이 복음주의의 외피를 쓰고 있으나 실제로는 에큐메니칼 노선을 취하고 있는 것을 알리고 있는 것이다.

이뿐만이 아니다. 총신대학교 문병호 교수는 로잔대회가 WEA세계복음주의연맹 신복음주의자들의 WCC 및 로마 가톨릭과의 협력과 일치를 위한 전략적 작업의 목적으로 만들어졌다는 것을 그의 논문 'WEA 신복음주의 신학과 에큐메니칼 활동비판'을 통해 다음과 같이 논증하고 있다.

"로잔회의와 로잔언약[1974년] : '복음화'의 명분으로 제2차 바티칸회의 이후의 로마 가톨릭과 WCC 에큐메니칼 운동에 문호를 개방. WEA[WEF]는 그 출범부터 복음화의 신학적 패러다임을 수립하는 데 주력하였다. 그 중심에 1968년에 모임이 시작된 신학위원회TheologicalCommittee TC가 있었다. 당시 로마 가톨릭은 제2차 바티칸회의[1962-1965년]에서 공표한 자기들의 '열린 입장'이 WEA[WEF]의 '복음화' 개념에 부합한다며 그것을 수용할 것을 대외적으로 압박하였다.

WEA[WEF]가 그 응수로서 마련한 것이 1974년 스위스 로잔에서 개최된 제1차 세계복음화 국제대회The First International Congress on World Evangelization였다. 여기서 영국 성공회 사제이자 신학자인 존 스토트John Stott가 초안의 심사위원장으로 참여한 전체 15항목으로 된 로잔언약Lausanne Covenant이 채택되었다.

로잔언약은 '복음화'의 종말론적 지평을 환기시키며 교회와 그리스도인의 사회적, 문화적, 정치적 책임을 극적으로 부각시켰다. 로잔언약은 WCC의 에큐메니칼 신학에 맞상대하면서 채택되었지만, 결과적으로 이를 계기로 WEA는 로마 가톨릭의 제2차 바티칸회의와 이에 기민하게 반응한 WCC에 의해서 조성된 당시의 조류에 휩쓸리게 되었다.

우리는 로잔언약을 1981년에 이르기까지 11년간 모임이 계속되었던 "성공회-로마 가톨릭 국제위원회ARCIC Anglican-Roman Catholic International Commission"와 연장선에 있음을 기억해야 한다.

로잔회의 이후 1970년대 중반부터 WEA[WEF]는 WCC 및 로마 가톨릭과 교류와 협력 및 일치를 위한 길을 적극적으로 모색하였다. 당시 WEA[WEF)] 신학위원장이었던 브루스 니콜스Bruce J. Nicholls는 신학위원회와 "세계복음화를 위한 로잔위원회Lausanne Committee for World Evangelization LCWE"를 긴밀히 연결시키면서 복음주의 운동에서 에큐메니칼 운동으로 급선회하였다.

그가 1975년에 개최된 WCC 제5차 나이로비 총회에 참관인으로 참여하여 적극적인 활동을 한 것은 그 일환이었다. 이 총회에서 WCC가 머리가 되는 "협의회적 교제"conciliar fellowship 개념이 제시되었고, 이로써 종교, 문화, 인종, 이념 간의 대화를 통한, 교회의 보편성을 넘어서는 전 인류의 보편성이 겨냥되었다.

당시 WCC 중앙위원회 의장이었던 토마스M. M. Thomas는 이런 취지를 구현하기 위하여 "그리스도 중심의 혼합주의"Christ centered syncretism를 제시하기도 하였다. 이는 로마 가톨릭이 제2차 바티칸회의에서 그리스도인이라고 불리지 않는 사람에게도 구원이 있다고 한 것과 궤를 달리 하지 않는다."[56]

문병호 교수는 1974년 로잔대회 당시 WEF[WEA의 전신]의 신학위원장이었던 브루스 니콜스가 WEA신학위원회와 로잔위원회를 긴밀하게 연결시켰고, 이로 인하여 로잔이 에큐메니칼 노선으로 전환된 것이라고 한다. 브루스 니콜스는 1975년 WCC총회에 참여하여 적극적으로 활동하였다.

그렇다면 가톨릭의 제2차 바티칸 공의회가 무엇이길래 WEA와 WCC는 그러한 행보를 보였을까?

로마 가톨릭의 종교다원주의 수용_제2차 바티칸 공의회

'익명의 그리스도인' 사상

56 문병호. WEA 신복음주의 신학과 에큐메니칼 활동 비판: WCC에 편승하여 로마 가톨릭과 신학적 일치를 추구하고 포용주의, 혼합주의, 다원주의로 나아감. 신학지남 88.2 (2021). 64-65.

로마 가톨릭의 제2차 바티칸 공의회[1962-1965]는 여태까지 신봉해 왔던 "교회 밖에는 구원이 없다"extra ecclesiam nulla salus는 키프리안[248~258]의 공식을 신학적으로 수정하여" 교회 밖의 구원" 교리를 선언하였다.

제2차 바티칸 공의회가 선포한 교회헌장은 이슬람, 불교 등 타종교를 통한 구원을 인정하고 있다. "복음을 아직도 받아들이지 않는 사람들도 여러 가지 이유로 하나님의 백성과 관련되어 있다... 유일신을 신앙하는 유대인들과 이슬람교도들도 구원의 가능성 있다.", "자기 탓 없이 그리스도의 복음과 그의 교회를 모르지만 진실된 마음으로 하나님을 찾고 양심의 명령을 통하여 알게 된 하나님의 뜻을 은총의 영향 아래 실천하려고 노력하는 사람은 영원한 구원을 얻을 수 있다. 또한 하나님의 섭리는 자기 탓 없이 아직 분명히 하나님을 모르지만 하느님의 은총으로 바른 생활을 하고자 노력하는 사람들에게는 구원에 필요한 도움을 거절하지 않으신다."

가톨릭교회는 이 교회헌장에서 개신교나 유대교 뿐 아니라 심지어는 이슬람교나 불교나 타종교도 구원 가능성이 있다고 선언하고 있는 것이다. 비기독교적 종교들도 인간들이 하나님과 그들의 그리스도를 서로 만나는 "구원의 길들"Heilswege이 된다. 이를 종교다원주의religious pluralism라고 한다.

이러한 교리적 전환을 하는 데 있어서 라너Rahner의 "익명의 그리스도인"anonymous Christian 사상이 중요한 역할을 하게 된다. 그는 다음 같이 피력한다. "누가 하느님의 보편적 계시의 숨은 부르심을 받아들여 양심의 선의를 따라 산다면, 그는 이미 신앙과 희망과 사람 안에 하나님을 드러내는 것이며, 익명의 그리스도인으로 불리울 수 있을 것이다. 이 익명의 그리스도인이 내포하고 있는 명시되지 않는 신앙이 그리스도교회와 만남 안에서 더욱 분명하게 되고 심화되는 것이다." 라너에 의하면 어떤 사람이든 예수를 믿지 않더라도 양심의 선의(善意)를 따라 살면 "익명의 그리스도인"이라는 것이다.

이러한 제2차 바티칸 공의회의 타종교 구원의 선언은 성경의 그리스도를 익명의 그리스도 개념으로 이끌어 가는 것이며 종교다원주의로 나아가는 것이다. 이러한 천주교의 선언은 사도바울이 사도행전에서 증언한 "오로지 그리스도만으로"solus Christus를 부정하게 되는 것이다. "다른 이로써는 구원을 받을 수 없나니 천하 사람 중에 구원을 받을 만한 다른 이름을 우리에게 주신 일이 없음이라".행 4:12 이 선언을 통하여 가톨릭교회는 초대교회의 성경적 사도적 전승에서 벗어나서 가톨릭적 보편주의로 나아간 것이다.[57]

2차 바티칸 공의회의 다원주의 선언은 가톨릭을 중심으로 한 종교통합의 기초를 놓은 것이었다. '가톨릭교회 밖에도 구원이 있다'라는 선언은 1차적으로 개신교회에 대한 손짓이었던 것이다. 이에 대해 즉각적인 반응을 보인 곳

57 김영한. (2015). 가톨릭과 개신교: 교황방한과 교리적 다름을 인정하는 종교적 관용성. 조직신학연구, 22, 116-144.

이 영국 성공회였으며, 이와 관련한 내용은 후술한다. 영국 성공회의 복음주의자들은 1977년 노팅엄대회 이후로 종교개혁의 정신을 버리고 이후로 줄곧 가톨릭과의 통합을 추진하는 노선을 걷게 된다. 존 스토트도 그들 중의 하나로 영국 성공회[국교회]에서 활동했다. WEA의 신학을 지도하는 그룹은 WEA가 WCC보다 더 앞서서 그와 동일한 종교통합의 노선을 걷도록 노력하였다.

이와 같이 로잔은 출범당시 복음주의를 표방하였으나, 존 스토트와 급진적 제자도를 추구하는 자들에 의하여 곧바로 에큐메니칼로 노선이 바뀐 것을 알 수 있다. 지금의 에큐메니칼적인 로잔의 행보는 나중에 변질된 것이 아니라 이미 초반에 방향이 정해진 것이었다.

위와 같은 사실들로 미루어 볼 때 국제로잔의 총재들이 가톨릭, 정교회, WCC 등과의 교제, 협력 등을 공식적으로 천명하며 WCC와는 영적인 한 뿌리라고 공공연히 이야기 하는 것은 너무나 당연한 로잔의 에큐메니칼적 정체성에 입각한 것임을 알 수 있다.

그렇다면 빌리 그래함 등 미국의 복음주의자들의 인적 자원과 재정부담 등을 통하여 WCC의 선교개념에 대한 극렬한 반발과 그에 대한 대안으로 탄생하게 된 로잔이 어떻게 이렇게 쉽게 WCC적 에큐메니칼 노선으로 돌아선게 된 것일까?

그것은 바로 빌리 그래함과 더불어 로잔대회를 탄생시킨 존 스토트에 그 원인이 있었다.

III

로잔문제의 핵심 존스토트

로잔문제의 핵심 존 스토트

로잔대회의 설계자

미국의 세계적인 복음전도자 빌리 그래함과 함께 로잔운동을 창시한 존 스토트는 영국 성공회의 신부로서 탁월한 신학자이며 설교학자였고 또한 세계적 복음주의 선교운동가였다. 그는 세계복음주의연맹 WEA의 전신인 WEF와 로잔대회의 창립에도 주도적 역할을 하였다. 로잔운동의 하드웨어를 미국의 세계적 복음전도자 빌리 그래함이 담당했다면, 소프트웨어는 존 스토트 신부가 만들었다고 할 정도로 로잔언약의 초안이 스토트에 의해 작성되었고 그 후에 이어지는 각종 크고 작은 로잔의 국제적 회집에서 나오게 되는 신학적 결론들도 존 스토트 신부에 의해 주도된 것이었다. 빌리 그래함은 사람과 조직을 몰아온 것뿐이고, 로잔의 내용은 존 스토트가 만든 것이라 할 수 있다.

3차 로잔대회 케이프타운 서약문도 스토트의 신학을 계승한 제자 크리스토퍼 라이트에 의해 작성된 것으로, 스토트의 사상과 이념을 그대로 계승한 것이었다. 결국 로잔은 존 스토트에 의해 만들어진 것이다. 그래서 로잔에 대해 알기 위해서는 존 스토트와 그의 신학을 알아야만 한다.

존 스토트는 '영혼멸절설'이라는 비성경적 주장을 한 바 있고, 성경무오성을 주장하면서도 성경무오성을 무너뜨릴 수 있는 모호한 칼 바르트적 성경관으로 로잔 언약에 틈을 만든 과오가 있는, 신학적으로 문제가 있는 인물이기도 하다. 동성애에 대해서도 죄라고는 인정하였지만, 율법에 의한 죄가 아니라 자연법에 의한 죄라는 애매한 태도를 취하였다. 말년에는 이슬람과의 대화와 화해에 긍정적인 모습도 보였다. WCC에큐메니컬에 반대하면서도 WCC의 자문위원으로 활동하였고, WCC의 선교관에 반대하면서도 WCC의 통전적 선교개념을 로잔에 이식한 장본인이기도 하였다. 영국 청교도 복음주의자 로이드 존스와 복음주의의 동지로서 출발하였으나, 로이드 존스를 격하게 비판하며 국교회 중심의 통합을 주장하기도 하는 사실상의 에큐메니칼주의자이기도 하였다.

2021년 웨스트민스터신학대학원대학교 박사학위 논문으로 제출된 정천화의 "존 스토트 신학의 정체성에 관한 연구"를 통하여 존 스토트의 신학적 정체성을 전반적으로 알아보면 로잔운동의 신학적 정체성, 그 방향과 내용이 존 스토트의 신학과 궤를 같이 하고 있다는 것을 알 수 있다. 현재의 로잔도 앞으로의 로잔의 방향성도 존 스토트가 걸었던 그리고 주장했던 그 길위에 서 있으며 이후에도 그 길위에 있을 것이라는 것을 추정해 볼 수 있다.

에큐메니칼을 선택한 존 스토트

1977년 노팅엄대회에서 영국 국교회의 신학적인 흐름은 종교개혁을 비난하고 로마 카톨릭으로 돌아가자는 흐름이 대세가 되었고, 이러한 흐름의 공식적인 출발은 1967년 키엘대회였으며, 키엘대회는 존 스토트의 견해를 대변하였다

스토트가 이러한 흐름에서 결정적인 주도권을 잡은 계기를 만든 것이 1966년에 열린 '전국복음주의자 회의'에서 로이드 존스와 대결한 사건이었다. 복음주의의 본질적인 것들을 부여잡고 그것들을 중심으로 복음주의의 통일을 원했던 로이드 존스와 달리 존 스토트는 복음주의자들이 비복음주의자들, 자유주의자들과의 연합과 통일을 원했다. 복음주의자들이 비복음주의자들과 국교회를 중심으로 통합하여 국교회 안에서 복음주의를 확산시켜야 한다는 것이 존 스토트의 전략이었다.

키엘에서 대회가 열리기 1년 전인 1966년에 로이드 존스는 연합에 있어서 교리에 근거한 연합이 되어야 한다고 주장했다. 에큐메니칼 운동에 반대하는 로이드 존스는 교회의 분열에 대하여 비판하는 자들을 향해서 분열에 대한 비난은 그리스도인들 사이에서 분열이 일어날 때 문제가 되는 것이지 에큐메니칼과 관련해서는 문제가 되지 않는다고 주장했다. 로이드 존스는 다음과 같이 요약적으로 자신의 주장을 천명하였다.

"신앙의 근본인 구원의 필수내용을 믿지 않는 사람과 분열을 논하는 것은 헛된 일이다. 왜냐하면 신앙의 근본을 믿지 않는 사람들은 [참다운]교회에 속해 있지 않기 때문이다. 말하자면, 신앙의 최소한을 가지고 있지 않는 사람을 그리스도인이라고 할 수 없고 교회에 속한다고 볼 수도 없다."

존 스토트는 1967년 4월 영국 키엘Keele에서 열린 '전국 국교회 복음주의 대회'National Evangelical Aglican Congress를 주재하는 대회장으로서 다음과 같이 말했다.

"복음주의자들이 교계 전체적으로 매우 부정적인 인상을 가지고 있다는 점은 가슴 아픈 일이다. 우리는 지금까지 편협한 파당주의와 반지성주의자로 보였다. 우리는 이 사실을 인정할 뿐만 아니라 대부분 우리 자신 때문에 생긴 현상임을 인정해야 한다. 이제는 회개하고 바뀌어야 한다."

존 스토트의 이 말은 소위 구복음주의의 상징적인 인물이며 최근의 복음주의자들의 에큐메니칼 운동과 그 운동에 참여하는 경향을 비판하고 반대하는 대표적인 목사인 로이드 존스를 겨냥하는 것이었다. 로이드 존스와 존 스토트 사이에는 공유할 수 없고 서로 화해할 수 없는 신학과 교리상의 불일치가 존재했다.

1967년의 키엘대회는 존 스토트의 견해를 대변한다고 보아야 한다. 그가 한 말이 아니지만, 그 대회에 특별히 초대된 손님이며 개회사를 한 램지 대주교는 슐라이어마허의 신학을 따라 경험이 신학보다 우선하고 복음주의자들이 국교회에서 제 역할을 하려면 과거의 배타성을 버려야 한다고 주장했다. 이것은 에큐메니칼에 문을 열어놓고 에큐메니칼에 참여한다는 선언과 다름없었다. 이안 머리에 따르면 램지의 주장은 예수 그리스도를 하나님이자 구원자로 고백하는 자라면 어떤 신학을 가졌더라도 받아들여야 한다는 것이다. 이 입장은 실제로 존 스토트의 입장과 다를 수 없다.

존 스토트는 로이드 존스와 달리 에큐메니칼 신학에 동조하였고 영적인 연합과 교리적인 연합보다는 가시적인 교회의 연합을 중시하였다. 아울러 그러한 신학적인 주장들을 국교회 내부의 정치활동을 통하여 이루려고 하였다. 그 결과 존 스토트는 교단의 신학을 대표하는 당시 주교들의 신학을 지지하였다. 다시 말하면, 그는 20세기 초와 20세기 중반의 국교회 신학을 대표하는 윌리엄 템플과 마이클 램지의 신학을 공공연히 지지하였다.

아울러 존 스토트가 에큐메니칼 신학에 철저하게 반대하던 근본주의 신학을 계속하여 공격하였던 사실을 볼 때, 존 스토트의 신학은 역사적인 국교회의 주교들의 신학에 기초했다고도 볼 수 있다. 존 스토트는 마이클 램지가 죽으면서 '영광'이라고 말했다는 사실을 거론하며 램지가 진정한 하나님의 사람이라고 치켜세웠다. 또한 램지가 근본주의를 비난하면서도 보수적인 복음주의 성직자들은 비난하지 않은 것들에 찬사를 보내었다. 아울러 '원죄가 곧 자아'self-centeredness which is our original sin라고 주장한 윌리엄 템플과 대화를 하고 싶다고 고백할 만큼 스토트는 템플 대주교를 존경한다고 고백했다.

존 스토트가 존경한 국교회의 두 주교들인 마이클 램지와 윌리엄 템플은 에큐메니칼 운동에 참여한 국교회의 대표적인 대주교들이다. 이들의 에큐메니칼 신학은 국교회의 정체성에 밀접하게 연결된 신학이며 국교회가 탄생할 때부터 현재까지 국교회에 끊임없이 나타나는 역사적인 신학이다. 당연하게도 존 스토트가 국교회에 나타난 에큐메니칼 운동을 지지하는 신학적인 주장을 하였다고 평가할 수 있다. 그는 교회연합 문제와 관련하여, 가시적인 연합을 주장하며 교리적인 일치보다 아디아포라에 집중하였다.

이안 머리는 국교회가 1967년 성공회 복음주의자 대회 이후 영국 국교회의 신앙고백인 39개조Thirty-Nine Articles를 교단신학의 기준으로 거론하지 않다가 1977년 노팅엄 대회에서 공식적으로 폐기함으로써 복음주의적인 교단으로서 정체성을 상당히 훼손하였다고 평가한다. 그 결과, 1977년 노팅엄 대회에서 복음주의자들 가운데 '종교개혁을 교회분열의 비극'이라고 표현하는 사람들이 있었다. 결국 영국 국교회의 신학적인 흐름이 종교개혁을 비난하고 로마 카톨릭으로 돌아가자는 흐름이 대세가 되었다는 것이다. 하지만 이러한 흐름의 공식적인 출발은 1967년 키엘 대회라고 평가할 수 있다.

국교회를 중심으로 통합하자는 존 스토트의 '통합주의'와 '일치'에 대한 사상은 실상, 로마카톨릭의 그것과 유사하다. 이러한 존 스토트의 국교회 중심의 복음주의 통합론은 실상, 오늘날 전 세계에서 유행하는 종교통합주의 흐름과 무관하지 않다는 인상을 주고 있다.[58]

존 스토트의 마르크스주의적 신학 경향

사회적 행동과 관련하여 그리스도 안에서 중생한 신자만이 사회적 행동을 수행할 수 있다는 입장이 미국 복음주의를 대표하는 빌리 그래함의 입장이었다. 이 입장을 잘 대변한 학자가 아더. P. 존스톤인데 사회적 행동은 복음주의의 결과라는 입장을 확고하게 견지했다. 말하자면 존스톤의 견해는 개인이 복음으로 성공적으로 중생하고 난 다음에 사회적 행동이 뒤따른다고 보는

58 정천화. 존 스토트 신학의 정체성에 관한 연구. 국내박사학위논문 웨스트민스터신학대학원대학교, 2021.

견해였다.

반면에 존 스토트는 선교의 중심이 사회적 행동과 복음주의 양자라고 주장하였다. 정리하면, 존 스토트가 보기에 선교에는 사회적 행동, 복음주의라는 두 개의 중심이 있다. 그러나 아더 존스톤이 보기에 선교에서 복음주의는 원인이고 사회적 행동이 결과이다.

아더 존스톤Arthur Johnston은 1978년에 출간된 그의 책 '세계복음주의를 향한 전투'The Battle for World Evangelism에서 스토트의 새로운 신학을 이렇게 단정했다: "우리는 여전히 이 새로운 선교학의 영향력과 결과들을 보고 있다. 스토트는 선교의 유일한 역사적 목적으로서의 복음주의를 몰아냈다."

교회의 선교는 어느 정도 사회적인 행동을 포함해야만 한다는 것은 주지의 사실이다. 말하자면, 존 스토트에게 있어서 복음주의 선교에 있어서 성령의 사역을 통한 복음의 완벽한 자기 확증 원리는히 4:12~13 성육신적인 사회정치적인 행동의 필요성으로 수정되었다.

그런데 이러한 사회, 정치적 행동들은 개인적인 성령의 열매들과는 다르다. 이제 스토트에게는 복음의 선포가 복음주의에 본질적인 것처럼 사회-정치적인 행동이 선교에서 매우 본질적인 것이 되었다. 존 스토트는 소위, '교회의 총체적인 선교론'의 결함을 수정하여 그 논리를 진전시키는 데 30년을 보냈다. 그러나 그 선교론의 결함을 수정하고 보완하려는 존 스토트의 노력은 결실을 보지 못했다. 왜냐하면, 사회적인 행동, 사회적 정의를 추구하는 것의 핵심은 실천에 있기 때문이다.

그런데 역사를 관찰한 바에 따르면 그러한 실천들은 거의 예외 없이 에큐메니칼 진영이나 자유주의 진영, 정치적 좌파 진영과 함께 할 수밖에 없고 그것은 종국에 복음 선포를 중시하는 전통적 복음주의에서 이탈한 결과를 가져오는 것처럼 보인 사실들을 부인할 수 없다. 따라서 존 스토트가 교회 선교의 유일한 역사적인 목적으로서 복음주의를 몰아냈다는 아더 존스톤의 말이 결국 틀리지 않았다고 평가할 여지가 있는 것이다.[59]

로잔대회 탄생에 참여한 마르크스주의자들:

라틴아메리카의 복음주의 학생운동의 지도자들은 마르크스의 분석을 성경에 근거하여 대응시킨 독특한 유형의 복음주의를 탄생시켰다. 르네 빠디야, 사무엘 에스코바르 등의 소위 급진적 제자도 가 바로 그들이다.

로잔대회를 준비하여 성공적으로 개최하는데 큰 역할을 한 사람들 중에 A. J. 데인A. J. Dain이 있다. 당시에 그는 호주 시드니 교구의 보조 주교였으며 호주 복음주의의 보루로 평가되는데, 그는 잉글랜드 사람으로 1959년에 안수를 받은 후에 호주교회선교회Church Mission Society연방총무로 일하다가 빌리 그래함의 요청으로 로잔대회의 기획 책임자가 되었다.

59 정천화. 존 스토트 신학의 정체성에 관한 연구. 국내박사학위논문 웨스트민스터신학대학원대학교. 2021. 10.

데인이 구성한 로잔 기획위원회의 기획위원들 중에서 남미와 아프리카 몫으로 들어온 사람들이 로잔대회에 상당한 영향을 끼쳤다. 그 중에 미국 IVF를 이끌면서 라틴아메리카선교회Latin American Mission 직원이었던 찰스 트라우먼이 있다. 찰스 트라우먼은 1967년부터 라틴 아메리카 선교회Comunidad Latinoamericana de Ministerios Evangelicos의 학생 세계 사역Ministry to the Student World의 책임자로서 라틴아메리카의 대학생들을 대상으로 하여 사역을 하였다. 당시 그는 라틴아메리카가 다른 어떤 세계보다 마르크스사상의 강력한 영향력 아래 있다는 것을 확인하였다. 이런 상황에서 라틴아메리카의 복음주의 학생운동의 지도자들은 마르크스의 분석을 성경에 근거하여 대응시킨 독특한 유형의 복음주의를 탄생시켰다.

특별히 IFESInternational Fellowship of Evangelical Students의 한스 뷔르키Hans Ferdinand Brki 박사는 지도자 훈련과정을 통하여 성경과 제자도 공부를 사회, 교회 상황에 대한 분석과 결합시켰다. 트라우먼은 데인과 주고받은 편지를 통하여 앞으로 열릴 대회에서 인종문제에 강경한 입장을 천명해야 하고 복음 선포에 혁명요소가 자연스럽게 스며들 수밖에 없는 제3세계 환경을 이해해야 한다고 주장하였다.

트라우먼이 추천한 기획위원회 후보 중에 사무엘 에스코바르Samuel Escobar는 페루 침례교인이었는데, 페루 복음주의 학생운동인 대학성경동Circulio Biblico Universitario의 지도자였다. 그는 스페인어로 된 'Dilogo entre Cristoy Marx', 즉 '그리스도와 마르크스의 대화' 라는 논쟁적인 변증서를 이미 출간했고, 로잔대회 기획위원회의 라틴아메리카 대표 중의 한 명이 되었다. 이후에 에스코바르는 로잔대회에서 상당한 영향력을 끼친 연사 중의 한 명이 되었는데, 로잔 언약이라는 문서작성에 개발도상국 출신으로는 유일한 인물이 되었다...그 논문들 중에 르네 파디야의 '전도와 세계'를 주제로 쓴 논문이 상당한 논쟁을 일으켰다.

르네 파디야는 미국 복음주의가 소비자들에게 최상의 가치인 인생 성공과 개인행복을 보장하는 상품으로서 전락되었으며 그것이 미국의 문화기독교 Culture Christianity이며 값싼 은혜라고 공격했다. 그는 교회성장운동 전략을 세계 복음화를 "최단기간에 최소 비용으로 최대 기독교인"을 만들어내는 수단으로 전락하게 만들었다고 비판하였다.... 에스코바르는 공산주의 사상이 서구에서 유효하며 기독교 가치와 긴밀한 연관이 있음을 암시하며 "제자도의 윤리적 요청"이라는 말로 그 연관을 구체화시켰다. 그는 해방신학자들이 좋아하는 본문인 누가복음 4장 18절과 19절의 '나사렛 선언'을 영적인 메시지로 해석하지 않고, 문자적인 메시지로 해석할 것을 주장했다. 그는 그리스도에 의한 해방이 단순한 영적인 해방이 아니라 경제, 정치, 사회적인 압제로부터의 해방이기 때문에 복음주의자들은 그러한 해방의 요청에 응답해야한다는 것이다.

브라이언 스탠리에 따르면, 해럴드 린셀이 에스코바르가 연설 중에 "사회주의가 자본주의보다 낫다"라고 한 말에 대해서 노골적인 불만을 나타낸 것을 볼 때에 에스코바르는 사회주의나 마르크스주의에 친화적이었다고 말할 수 있다. 특히 그가 마르크스의 폭력혁명 이론에 따라 쓰러진 나라 중에 많은 나라들이 지배층의 이익과 기독교가 동일시되는 상황을 허용했다고 주장하는 것을 볼 때에 사회주의나 폭력혁명보다 그런 것에 빌미를 제공한 나라와 기독교에 대해 더 반감을 가졌다는 인상을 피할 수 없을 것이다...

준비단계에서 소극적이던 영국 복음주의와 존 스토트는 로잔대회에 참여함으로써 오히려 로잔대회의 주역이 되었고, 이후 빌리 그래함의 미국 신복음주의와는 다른 길을 걷게 되었다. 미국 복음주의자들의 재정과 조직을 이용하면서 라틴 아메리카의 좌파 신학자들의 주장을 수용하면서, 로잔대회는 신복음주의에 마르크스주의와 좌파 신학에 문을 여는 대회가 되었다고 평가할 수 있다.

로잔운동은 급진적인 신학이 침투하는 방법과 경로를 잘 보여주는 운동처럼 보이는 여지를 만들어주었다. 마르크스주의자들, 공산주의자들은 소위, 통일전선전술을 잘 구사한다. 민족주의자들에게 공산주의자들은 민족주의자로 나타나고, 민주주의자들에게는 민주주의자들로 나타나고, 복음주의자들에게는 복음주의자들로 나타난다. 드디어 이러한 통일전선, 혹은 공산주의와의 연합이 이루어지면 공산주의자들은 파문을 일으킨다. 그들은 현 상태Status Quo를 깨는데, 그것이 운동이다. 마르크스주의 신학이라는 기차가 자유롭게 이용한 철로는 급진적 제자도와 사회복음이라고 할 수 있다.

어떤 공산주의자도 공산주의와 마르크스주의를 공공연하게 도입하거나 자신이 공산주의자라고 말하지 않았지만, 그들이 주장한 급진적인 제자도와 사회복음은 마르크스주의와 공산주의가 달리게 될 안전한 도로가 되었다고 여겨진다. 문을 여는 방식은 용어를 혼란하게 하거나[예를 들어, 복음주의의 직설

법과 가정법] 논쟁구도를 이상하게 만드는 것[가령, '구복음주의'는 좁은 복음주의이며 총체적인 복음을 담지 못한다고 주장하는 것]이었다. 이렇게 논란을 일으키면서 논쟁을 확대하고 심화시키며 상대방을 몰아내는 방식이 전형적인 공산주의자들의 전술이다. 이런 현상이 로잔운동에서 분명하게 관찰된다.[60]

좌익으로 표류하기 시작한 존 스토트

좌익에 경도된 보수주의자라는 모순된 스탠스

존 스토트는 좌익으로 표류하기 시작했다. 스토트가 논쟁에 참여한 곳은 사회주의적 음색을 가진 목소리가 지배하는 분야였다. 스토트가 1970년 이후로 더욱더 많은 시간을 보낸 개발도상국에서 반식민주의운동이 활동하고 있었고 활기에 차있었다. 거기에는 서구 자본주의적 제국주의를 강력하게 비난하는 마르크스주의가 유행하고 있었다. 스토트가 라틴아메리카 등지의 대학 캠퍼스를 방문했을 때, 이러한 사상들이 매우 매력적이라고 생각하는 학생들을 만났다.

1970년대 중반에 스토트는 전 세계적으로 대학에서 점점 유행하게 된 마르

60 정천화. 존 스토트 신학의 정체성에 관한 연구. 국내박사학위논문 웨스트민스터신학대학원대학교. 2021.

크스주의 언어들을 사용하고 있었다. 그렇다고 그가 마르크스주의에 동의하고 마르크스주의자가 된 것은 아니었다.

영국에서도 스토트는 좌익의 방향으로 끌려갔고, 좌익의 방향으로 가는 것이 복음주의를 위한 기회가 될 것이라 보았다. 1973년 '머지사이드 라디오'Radio Merseyside에서 스토트는 글래스고우 조선소 노동자이며 공산주의 지도자인 지미 라이드Jimmy Reid가 예수는 마르크스가 제공할 수 없는 것들을 제공했다고 제안하기도 전에 그의 많은 관점들이 매우 기독교적이라고 주장하였다. 채프만은 교회 내부의 논쟁에서 스토트가 당시 좌경화된 사람들이 사용하고 있었던 많은 언어들을 채택함으로써 좌익으로 기울어졌다고 주장한다.

그가 좋아하는 말, '거룩한 세속성'holy worldliness은 급진주의 신학자로 유명한 알렉 비들러Alec Vidler에게서 차용했다. 19세기 프랑스 정치가, 프랑수아 기조Fransois Pierre Guillaume Guizot는 수많은 사람이 청년 때에 급진주의자였다가 중년이 되면, 보수주의로 변한다는 사실에 주목했다. 그러나 스토트는 정반대이다. 스토트는 좌익들이 대부분인 국교회 복음주의자들과 한편이 되었다. 그는 중년이 되고 나서야 급진적으로 변하였다.

그러나 그는 마르크스주의의 용어를 사용했지만 마르크스주의자는 아니었다. 단지 그는 가난한 자들을 무시하고 착취한 자들을 히브리 예언자들이 비난하던 방식으로 공개적으로 자본주의를 비판했을 뿐이었다. 스토트는 단호

하게 보수주의 태도를 유지하였다.[61]

그는 좌익에 경도된 보수주의자라는 다소 모순된 스탠스를 취하고 있었던 것이다.

존 스토트의 열매 : 짐 월리스

'소저너스'의 편집장 짐 월리스와 로잔대회_미국의 진보 정치신학자

짐 월리스는 전세계 공산주의 정권들의 지지자였으며, 사탄 숭배자 사울 알린스키의 제자이기도 했다. 그는 존 스토트의 지지를 받아 로날드 사이더와 함께 로잔대회의 밑바탕이 된 보고서를 작성한 그룹의 일원이 되기도 하였다.

1974년 로잔대회에서 로날드 사이더와 함께 짐 월리스는 "급진적인 제자도의 신학적 함의"라는 보고서의 밑그림을 그린 복음주의적 급진주의자들로 이루어진 특별그룹의 일원이 되었다. 물론 그 보고서는 존 스토트에 의해 지지를 받았다.

일반적으로 신학의 흐름은 영적 흐름을 반영한다. 이것은 신학적이고 교리적

61 "Stott started to drift Left. Both in England and abroad." Chapman, Godly Ambition, 121-122.

인 투쟁 역시 영적인 투쟁을 반영한다는 생각이다. 존 스토트와 로이드 존스는 복음주의라는 한 배에서 자라고 교제했지만 결국 다른 열매를 맺었다. 나무는 그 열매로 아는데, 존 스토트의 한 열매는 짐 월리스로 맺었다는 것을 확인할 수 있다. 존 스토트의 또 다른 열매는 로잔회의와 같은 복음주의 대회일 수도 있다. 전체적으로, 존 스토트의 열매들은 다양하게 나타났지만 20세기 청교도 복음주의를 주도했던 로이드 존스와는 성격이 상당히 다른 열매였다고 평가할 수 있다. 존 스토트의 제자라고 공공연하게 밝혔고 지금도 여전히 활발하게 활동하고 있는, 존 스토트의 한 열매라고 할 수 있는 짐 월리스부터 살펴볼 때 대략적인 존 스토트의 신학의 모습이 드러날 가능성이 커질 것이다.

일찍부터 짐 월리스는 진보적인 정치 운동가로 알려졌다. 마이클 드 르메이에 따르면, 그는 60년대 후반 학창시절부터 전 세계에 있는 공산주의 정권을 계속하여 지지해 왔고, 사울 알린스키Saul Alinsky의 제자였고, 기독교인들을 성공적으로 속여서 오바마와 같이 낙태와 동성애를 찬성하는 후보들을 지지하도록 유도했다.

또한, 사회정의 운동은 그 조직의 지도자들이 성경에 근거한다고 확신한 위험한 교훈들을 포함한 느슨한 조직체이다. 가령, 자유주의신학과 흑인해방신학은 '예수님이 부자를 증오했고 예수님이 오시기 전에 부자들이 타도되어야 한다'라고 가르친다. 르메이는 사회정의 운동을 이렇게 단정적으로 비판한다.

"주류 기독교에 침입하고 있는 사회정의 운동은 표면적으로 고상하게 보일지도 모른다. 사회정의 운동은 양질의 주택과 교통을 통하여 가난한 자를 돕거나 비폭력적인 범죄에 투옥보다는 재활을 요구한다. 아울러 기독교인들이 재정적으로 좀 더 관대하기를 요구하고 있다. 가장 중요한 것은 그들이 재정적으로 나누는 것을 요구하는 방식이다. 그들은 높은 세금을 통한 강압적인 부의 재분배를 지지하는 사람들이다. 이것은 기독교인들이 자발적으로 자선을 베푸는 형태로 나타나서 우리들은 가난한 자들을 도와주는 단체들을 선택할 수 있다. 그런데 이 운동은 또한 기독교에 적대적이라고 입증된 연방정부에 그러한 힘을 부여한다."

아울러, 짐 월리스는 월가를 정복하라Occupy Wall Street Movement 운동의 지지자이다. 최근에 그 운동은 "교회를 정복하라"로 확대되었다. 이것은 사회정의 운동의 교과서인 사울 알린스키의 '급진주의자 규칙'Rules For Radicals에 완벽하게 들어맞는다. 르메이에 따르면, 사울 알린스키는 자신의 책을 루시퍼에게 헌정한 공산주의자이며 무신론자였다....사회정의운동은 스스로 기독교를 표방하면서도 복음을 인간이 만든 공산주의와 인본주의 복음으로 대체하여 복음을 훼손하는 종파를 초월한 운동일 뿐이다.

소저너스가 대표하는 사회정의운동은 스스로 기독교를 표방하면서도 복음을 인간이 만든 공산주의와 인본주의 복음으로 대체하여 복음을 훼손하는 종파를 초월한 운동일 뿐이라는 것이다. 그 잡지에서 새로운 구독자들에게 자주 제공하는 것이 간디의 포스터이다. 그 잡지에서는 '지구온난화', '경제적 불평등', '국경선'이 죄라고 말하지만, '낙태'와 '동성애'는 죄라고 하지 않는다. 그 잡지의 편집장으로서 짐 월리스는 이 잡지에 규칙적으로 기고하거나 글을 쓰는 토니 캄폴로Tony Campolo, 브라이언 맥라렌Brian McLaren과 린 하이벨스Lynne Hybels[는 빌 하이벨스의 부인이다]와 같은 진보주의자들의 그룹을 가지고 있다. 그들은 이스라엘에 적대적이며 팔레스틴을 위해서 일하고 있다. 당연하게도 그들은 팔레스틴과 동맹 관계에 있는 시리아, 이란에 대하여 홍보하고 있다.

월리스와 소저너스는 조지 소로스에게 막대한 재정적 후원을 받고 있다. 물론, 조지 소로스는 미국과 기독교를 혐오하는 억만장자 무신론자이다. 르메이는 소로스가 기독교와 미국을 파괴하는데 몰두하는 조직들에 매년 수백만 달러를 투자하며, 그는 인류가 생존하기 위하여 하나의 '세계정부'가 필요하다고 믿는다고 주장한다. 2010년, 소로스가 월리스와 소저너스에 기부했다는 보도가 나왔을 때도, 월리스는 공개적으로, 단호하게 그것을 부인했다. 소로스가 짐 월리스와 소저너스에 수십만 달러를 보내주었다는 것이 문서로 확인되었을 때, "소량의 모든 기부금을 추적한다는 것을 예상할수 없었다"라고 말하면서 월리스는 진실을 회피하였다.

르메이는 자기 스스로 복음주의자라고 하는 짐 월리스가 이끄는 '사회정의운동'을 이렇게 평가한다.

"'사회정의운동'은 예수님이 사람들의 영원한 영혼보다는 이 세상의 상태에 더 많이 관심을 가졌다고 주장하기 위하여 복음을 왜곡한다. 그들은 동성애와 낙태를 지지하는 후보자를 높게 평가하는 행태를 보이면서 노골적으로 인본주의와 공산주의를 선전한다. 월리스는 아랍의 봄을 민주주의를 위하여 위대한 날이라고 하면서 박수를 보냈지만, 이집트 기독교인들이 살해되고 교회가 불타고 이집트를 통제하는 무슬림형제단이 이스라엘과 이집트의 평화 조약을 묵살한다고 선언했을 때 침묵했다. 월리스는 또한 '우리 사이의 공통의 말'Common Word Between Us라는 이교도 문서에 서명했다. 나는 짐 월리스와 이야기한 적이 있다. 그는 어리석지 않다. 그는 똑똑하고 언변이 유창하고 자신이 무엇을 하고 있는지 정확히 알고 있다. '사회정의 운동'은 자신의 자매 운동인 '이머징 교회' 운동과 결합하여 전통적인 기독교를 파괴하고 그것을 인본주의에 바탕을 둔 보편주의 종교로 대체하려고 애쓰고 있다. 짐 월리스는 사회정의 운동을 위한 완벽한 지도자이다; 짐 월리스는 사회정의 운동만큼 아주 표리부동하다. 조금이라도 상식이 있는 사람이라면 이 적그리스도 운동의 화려한 수사를 꿰뚫어 볼 수 있지만 그들은 모든 종파의 기독교 교회에 계속하여 침투하고 있다."[62]

여기서 우리는 존 스토트의 제자인 미국의 진보 정치신학자이며 사회운동가 짐 월리스가 전통적인 기독교를 파괴하고 인본주의적인 보편종교로 대체하기 위하여 벌이고 있는 '사회정의 운동'과 결합한 '이머징 교회'운동에도 잠시 주목할 필요가 있다.

앞서 언급했던 전 국제로잔총재 더그 버드셀의 로잔월드퍼스의 '발행인 메모' 에서 "우리는 오순절파, 카리스마틱 은사주의 운동계열, 그리고 '이머징

62 정천화. 존 스토트 신학의 정체성에 관한 연구. 국내박사학위논문 웨스트민스터신학대학원대학교, 2021. 122-126.

교회'와 같은 갱신 운동의 사람들을 포용해야 합니다."라는 부분에 로잔이 포용해야만 한다는 부류 중 '이머징 교회'가 특별히 언급되는 이유가 무엇이라고 생각되는가? 전통적 기독교를 파괴하기 위한 '사회정의운동'과 결합한 '이머징교회' 운동이 바로 로잔운동의 창시자 존 스토트의 제자 짐 월리스가 이끌고 있기 때문이 아닐까?

"…the evangelical Church will make progress in its relationships with the historic churches of the Christian faith. It is in this same spirit of humility and integrity that we must extend the hand of fellowship to the Catholic, Orthodox, and Ecumenical Church. We must embrace those in renewal movements, such as the Pentecostal, Charismatic, and Emergent. It is only in community with the churches of the past and of the present and future that the Church as a whole can move forward as a powerful witness in the world.
복음주의 교회는 기독교 신앙의 역사적인 교회들과의 관계에서 진전을 이룰 것입니다. 우리가 가톨릭, 정교회, 에큐메니칼 교회에 친교의 손을 뻗어야 하는 것도 이와 같은 겸손과 통합의 정신입니다. 우리는 오순절파, 카리스마틱 은사주의 운동계열, 그리고 '이머징 교회'와 같은 갱신 운동의 사람들을 포용해야 합니다. 교회 전체가 세상에서 강력한 증인으로 전진할 수 있는 길은 과거와 현재, 미래의 교회들과의 공동체 안에서만 가능합니다."[63]

전통적 기독교를 파괴하는 운동이 존 스토트의 제자를 통해 강력하게 펼쳐

63 Doug Birdsall. Pressing on towards 2020 in Humility, Reflection, and Hope. Lausanne world pulse. December 2010.

지고 있다는 사실을 주목해야 한다.

존 스토트의 복음주의는 당시의 주요한 도전이었던 에큐메니칼 운동과 관련하여 복음주의가 나아갈 길을 모색하였지만, 존 스토트의 굴곡된 신학사상과 이념으로 말미암아 마틴 로이드 존스의 경고대로 존 스토트의 복음주의는 복음주의의 본질을 훼손하는 역할을 하게 된 것이다.

또한 존 스토트는 유신진화론자였고, 영혼 멸절설을 주장하기도 하였다. 아래에 존 스토트의 '영혼 멸절설'을 비판한 권성수 교수의 논문을 일부 소개한다.

존 스토트의 영혼 멸절설 :

하나님께서 악인들을 영원히 멸절시킴으로 벌하신다는 학설이 아니라, 하나님께서 악인들이 범한 죄에 대해서 응분의 벌을 주신 후에 멸절시키신다는 학설이다

전총신대 신학대학원 원장을 지낸 권성수 목사가 1996년 신학지남에 기고한 '존 스토트의 멸절설 비판'의 일부를 아래와 같이 전재한다.

존 스토트는 자유주의자 데이비드 에드워즈David L. Edwards와의 대화에서 멸

절설에 대한 자신의 입장을 다음과 같이 밝혔다.

"당신 데이비드 에드워즈David L. Edwards은 제가 지옥이 실제적이고 무시무시하고 영원한 것일 뿐 아니라 영원한 고통의 경험을 포함한다고 생각하는가에 대해서 공적으로 결코 밝힌 적이 없다는 말을 하셨는데 맞습니다. 저는 당신이 하나님에 대해서 '영원한 고문자'라는 정서적인 표현을 쓰신 것을 유감으로 생각합니다. 왜나하면 그것은 고통을 학대음란적으로 가하는 것을 암시하고 모든 그리스도인들은 그것을 강력하게 거부할 것이기 때문이입니다. 그러나 회개하지 않는 자들의 마지막 운명이 '영원 영원히' 영원한 의식적인 고통을 겪는 것일까, 아니면 그들의 존재가 전적으로 멸절되는 것일까? 전자는 전통적인 정통입장으로 묘사되어야 합니다. 왜냐하면 대부분의 교부들과 중세의 신학자들과 종교개혁자들이 그것을 주장했기 때문입니다. 그렇지만, 제가 그것을 주장하는가? 글쎄, 정서적으로 저는 그 개념을 참을 수 없는가 봅니다. 저는 어떻게 사람들이 그것[영원한 의식적인 고통]을 가지고 살면서 자신들의 느낌을 마비시키거나 그 갈등 밑에서 부셔지지 않을 수 있을까를 이해하지 못합니다. 그러나 우리의 정서는 진리에 대한 유동적이고 믿을 수 없는 지침이어서 진리를 결정하는 데 최고권위의 자리로 높여져서는 안됩니다. 철저한 복음주의자로서 저의 질문은 내 마음이 무엇을 말하는가가 아니라 하나님의 말씀이 무엇을 말하는가 하는 것이고, 혹은 것이어야 합니다. 이 질문에 답하기 위하여 우리는 성경의 내용을 새롭게 개관하고 우리의 머리를 성경이 멸절의 방향으로 지시하는 가능성과 '영원한 의식적 고통'이라는 것은 성경의 최고권위에 굴복해야 할 하나의 전통이라는 가능성에 대해서 개방되어야 할 필요가 있습니다. 여기에 네가지 논증이 있습니다. 그것은 언어, 심상, 정의 및 보편주의입니다."

존 스토트의 멸절설은 하나님께서 악인들을 영원히 멸절시킴으로 벌하신다는 학설이 아니라, 하나님께서 악인들이 범한 죄에 대해서 응분의 벌을 주신 후에 멸절시키신다는 학설이다. 존 스토트의 이런 이론은 회개하지 않은 불신자들이 '지옥에서 영원히 의식적인 고통을 겪는다'는 정통적인 지옥관에 대해서 반발한 이론이다. 스토트는 정통적인 지옥관은 일단 정서적으로 받아들일 수 없는 것 이라고 했다. 불신자들이 지옥에서 영원히 의식적으로 고통을 당한다면 고통에 대한 느낌이 마비될 것이고 고통의 갈등 때문에 그들 존재가 부서져버릴 것이기 때문이라는 것이다. 그러나 스토트는 자신의 이러한 정서가 기준이 되어 멸절설을 주장하는 것이 아니라, 성경에 근거해서 주장하는 것이라고 한 것이다. 스토트는 성경의 멸망을 가리키는 어휘들에 근거하여 다음과 같이 말했다.

"그러므로 멸망을 당한다는 사람들은 실제로 멸망되지 않는다면 이상하게 보일 것입니다. 당신[데이비드 에드워즈]이 지적한 것처럼 '영속적으로 멸망당하는 과정을 상상하기는 어렵습니다.' 제 생각에는 인간 존재들은 불멸적이기 때문에 인간 존재들을 멸망시키기는 불가능하다고 대답할 수 없습니다. 왜냐하면 영혼의 불멸은 성경적 개념이 아니라 헬라적 개념이기 때문입니다. 성경에 의하면 하나님만이 자신속에 불멸을 소유하고 계시고 하나님은 그것을 복음을 통하여 우리에게 계시하시고 주십니다. 그런데 여기서 멸절annihilation은 '조건적 불멸'conditional immortality과 동일한 것이 아닙니다. 후자에 의하면 하나님이 생명을 주시는 자들 외에 아무도 죽음 후에 살아남고 심지어 부활까지도 할 것이지만 회개하지 않는 자들은 마침내 멸망될 것입니다."

후대에 존 스토트와 같은 자들의 어리석은 주장이 나타날 것을 예견한 것처럼 1600년전의 어거스틴Augustine은 마태복음 25:46의 주석에서 멸절설을 다음과 같이 반박했다." 영원한 생명은 끝없는 생명이라고 믿으면서도 영원한 벌은 오랫동안 계속되는 불로 생각하는 것은 어리석지 않은가? 그리스도는 같은 절에 한 문장으로 영원한 벌과 생명을 포함시키셔서 '저희는 영벌에, 의인들은 영생에 들어가리라'고 말씀하셨다. 만일 둘 다 '영원하다'면 필연적으로 둘 다 오래 계속되지만 유한한 것으로 보든지, 혹 둘 다 끝없이 영원한 것으로 보든지 해야 한다. '영원한 벌'과 '영원한 생명'은 병행이므로 하나의 같은 문장에서 '영생은 무한한 것이고, 영벌은 끝이 있는 것이다'로 보는 것은 어리석을 것이다. 따라서 성도들의 영원한 생명이 끝이 없는 것처럼 영원한 벌 역시 그것을 받도록 정죄된 자들에게 확실히 끝이 없을 것이다."

마태복음 25:41에는 "저주를 받은 자들아 나를 떠나 마귀와 그 사자들을 위하여 예비된 영원한 불에 들어가라"는 말씀이 나온다. 계시록 20:10에 의하면 마귀는 불못에서 "세세토록 밤낮 괴로움을 받으리라"고 되어 있으므로 악인들도 역시 "세세토록 밤낮 괴로움을 받을 것"이다. 악인들이 마귀와 그 사자들과 함께 "영원한 불"에서 "영원한 벌"을 당할 것이라는 동일한 주님의 말씀에 근거하여 볼 때에 존 스토트가 멸절설의 근거로 사용한 마태복음 7장과 10장의 '멸망' 어휘는 악인들의 멸절을 말하는 것이 아니다. 그곳의 '멸망 어휘'는 "지옥이 전인에 대한 고통의 장소"라는 것과 지옥형벌은 "최종적

변경불가한 형벌"이라는 것을 의미한다.[64]

또 존 스토트는 성경관에 있어서도 문제가 있다는 것을 전술한 바 있다. 저명한 기독교 변증가 프란시스 쉐퍼는 스토트가 기초한 로잔언약의 성경관 진술에 치명적인 문제가 있음을 간파하고 그의 저술에 이 부분을 상세히 기록하였다. 차별금지법 제정 반대운동에 앞장서고 있는 조영길 변호사도 그의 로잔대회 관련 논문을 통해 스토트와 로잔언약의 성경관 진술에 큰 문제가 있음을 지적하고 있다. 아래에 해당 내용을 전재하였다.

로잔언약의 문제점:

존 스토트의 잘못된 성경관 진술의 폐해

프란시스 쉐퍼는 다음과 같이 말했다

이제 앞으로 우리는 어려운 시대를 맞이하게 될 것이다. 우리와 우리의 영적 자녀에게 말이다. 그런데 확고한 성경관을 기반으로 하지 않는 한 우리는 앞으로 닥칠 어려운 시대에 대해 준비를 하지 못할 것이다. 우리가 살고 있는 이 시대는 인본주의가 도덕과 가치와 법속에서 그 자연적인 결과를 나타내고 있는 시대이다. 복음주의 그리스도인들에게 너그러운 시대는 지나갔으며 이제는 확고한 성경관만이 상대주의적 사고를 바탕으로 세워진 영향력 있는

64 권성수. 존 스토트의 멸절설 비판. 신학지남 63, no. 1 (1996): 108-141.

문화의 압력을 버틸 수 있다. 그런데 오늘날 복음주의는 전세계와 미국에 걸쳐서 복음주의라는 이름과 관련된 한 그 숫자가 늘고 있긴 하지만 확고한 성경관을 위해 하나가 되어 싸우고 있지는 않다.

'실존주의 방법론'이 복음주의라고 하는 것 속으로 스며들어 왔다. 실존주의 방법론은 철학, 미술, 음악, 소설, 시, 영화 같은 일반 문화를 지배하고 있다. 실존 철학은 요즘 유행하는 지배적인 형태의 자유주의 신학이기도 하다. 실존주의 방법론이란 무엇인가? 이성의 영역에서는 성경에 많은 오류가 있다는 것이 이것의 입장이다. 역사의 영역에서, 또 성경이 우주에 대해 다루는 부분에서는 - 다시 말해 성경이 과학의 관심 영역을 다루는 부분에서는 - 성경에 오류가 많다는 것이다. 그러나 성경이 오류를 담고 있다는 사실에도 불구하고 우리는 일종의 상층부적 종교적 체험을 기대할 수 있다는 것이다. 이것이 오늘날 자유주의 신학의 지배적인 형태이다. 하지만 유감스럽게도 지금은 이런 신학이 많은 곳에서 복음주의라는 이름으로 활동하고 있다....그들에 따르자면 성경에는 오류가 있지만 그럼에도 우리는 종교적 사실들을 꼭 붙잡고 있어야 한다고 한다. 실존주의 방법론이 복음주의에 파고들어 온 방법이 이것이다.

이제는 로잔언약이 성경에 대해 말하는 바를 함께 살펴보자.

"우리는 신구약 전체의 신적 영감성과 진실성과 권위와 성경이 하나님의 유일한 말씀으로서 그것이 단언하는 모든 사실에는 오류가 없으며 신앙과 행위의 유일하고 무오한 법칙임을 단언한다."

[국내에 소개된 로잔언약 국문판에는 "그것이 가르치는 모든 사실에는 오류가 없으며"로 소개하여 "**without error in all that affirms**"를 명백히 오역한 것으로 보인다. 그런데 '**affirm**'을 '가르치는'으로 번역한 것은 오역이라기보다 의도적 왜곡이라고도 볼 수 있는 소지가 다분하다_ 필자주]

"그것이 단언하는 모든 사실에는 오류가 없으며"라는 짧은 문구... 로잔언약의 그 인쇄된 글을 보았을 때 나는 그것이 오용될 것임을 당장에 알았다. 1975년 8월에 빌리 그레이엄 박사는 내게 다음과 같은 편지를 보냈다. "나는 '그것이 단언하는 모든 사실에는'에 대해 짧은 책을 하나 쓰려고 생각하고 있소. 유감스럽게도 이 문구는 많은 사람들에게 어떤 빠져나갈 구멍이 되고 있소." 안타깝게도 "그것이 단언하는 모든 사실에는"이라는 문구는 실제로 많은 사람들에게 빠져나갈 구멍이 되었다. 성경은 가치체계와 성경에 나타난 특정한 종교적 사실들을 단언하고 있다고 말하는 실존주의 방법론을 통해서 그렇게 되었다. 그러나 실존주의 방법론을 바탕으로 해서 이들이 설령 로잔언약에 서명은 할지라도 마음 한 구석에서는 이렇게 말한다. "성경은 역사와 우주의 영역에 대한 가르침에서는 오류가 있는 진술을 한다."하고 말이다....

오늘날 무오성을 말하는 이들은 그것을 성경전체에 적용시키지 않고 의미체계, 가치체계, 종교적 사실에만 적용시킨다. 그들은 성경이 역사와 과학의 관심의 영역에 대해 말하는 부분은 모두 제외시킨다. 성경안에 있는 이러한 역사와 우주를 다루는 부분들을 그 시대의 문화를 반영하고 있다고 말한다. 그러므로 창세기의 처음 열한 장뿐만 아니라 신약마저도 절대적인 것이 아닌 상대적인 것으로 본다. 하지만 이런 과정을 일단 밟기 시작하면 한걸음 더 나아가지 않을 사람이 없다는 것을 명심하자. 스스로를 여전히 복음주의라고 부르는 이들 가운데서 이럼 입장들은 한걸음 더 나아갔다… 이제는 성경이 말하는 개인 관계 영역에 있어서의 특정한 도덕적 절대 기준들도 그 시대의 문화를 반영하고 있는 것이라고 그들은 말한다. 예를 들면 이혼과 재혼, 가정과 교회의 질서에 대한 성경의 분명한 가르침도 그 시대의 문화적 반영으로 보는 이들이 있다. 성경이 우리 사회와 문화를 판단하는 대신 그 문화에 머리를 숙이게끔 하고 있다.

일단 복음주의라는 이름 아래 실존주의 방법론의 길로 빠져들어 가기 시작하면 성경을 오류가 없는 하나님의 말씀으로 보지 못한다. 성경의 각 부분을 하나씩 잠식해 들어갈 것이다. 이렇게 성경은 1920~30년대 자유주의 신학자들이 말한 바로 그것이 되어 버렸다. 그 시대를 살았던 그레샴 메이첸은 기독교의 바탕이 무너지고 있다고 지적한 바 있다. 이 바탕이란 무엇인가? 그것은 살아계시는 무한하고 인격적인 하나님이 침묵하지 않으신다는 것과 성경은 종교적 주제에 관한 가르침뿐만 아니라 역사와 우주와 도덕적 절대 기준에 관한 성경의 가르침 모두를 명제적 진리로 말씀하셨다는 것이다.

복음주의가 겉으로는 점점 세력을 넓히는 것 같지만 복음주의라는 이름을 달고 있는 이들 중에 상당수가 복음주의를 복음주의적인 것이 되게 하는 그것을 더 이상 고수하지 않는다면 무슨 소용이 있겠는가? 이런 현상이 계속된다면 우리와 우리의 자녀들은 앞으로 올 어려운 시대에 대해 무방비 상태가 될 것이다.

또 우리가 묵인해주면 우리는 문화에 대해 구속적 소금이 되지 못할 것이다. 도덕과 법은 순전히 문화적 성향과 통계적 평균치에 지나지 않는다고 모두들 믿고 있는 이런 문화에서 말이다. 이런 식의 생각은 우리 시대의 표지이다. 우리도 마찬가지로 이런 표지를 달고 다닌다면 우리가 몸 담고 있는 깨어지고 부서진 이 세대에 어떻게 우리가 구속적인 소금이 될 수 있겠는가?

내가 성경을 주제로 로잔 연설에서 했던 마지막 말을 다시 한 번 하고자 한다. 애정어린 마음으로 하지만 단호한 자세로 이렇게 말해야만 한다: "온전한 성경관을 가진 사람과 그렇지 않은 사람을 구분하지 않는 한 복음주의는 철저하게 복음주의적일 수 없다"고 말이다.[65]

조영길 변호사는 그의 논문에서 다음과 같이 로잔언약의 성경관 진술의 문제점을 프란시스 쉐퍼를 인용하여 지적하고 있다.

> 국제로잔의 로잔언약 초안 작성을 주도한 존 스토트는 성경관이 쉐퍼처럼 확고하지 않았다. 그는 성경의 완전무오성을 믿는다고 하면서도 성경에 오류가 있다고 주장하는 고등비평을 단호하게 거부하지 않았다. 특히, 실존주의적인 신정통주의가 채택하는 칼 바르트의 성경관을 나타내는 표현들을 그대로 사용하는 경우가 많았다. 그는 성경을 하나님 말씀이라고 하면서도 '성경을 그리스도를 증거하는 표지판', '성경이 아니라 그리스도가 우리의 신앙의 대상'이라고 하면서 '성경숭배자들이 되지 말라'는 견해를 밝힌 바 있다. '성경에 구원이 있다는 미신적 견해를 가지

65 프란시스 A. 쉐퍼. 프란시스 쉐퍼 전집 II 기독교성경관. 생명의말씀사. 1994. 201-208.

지 말아야 한다'고도 주장했다. 성경의 목적은 그리스도이므로 그리스도를 보아야 하지 성경 자체를 보아서는 안된다고 주장했다. 칼 바르트는 모든 성경이 하나님 말씀이 아니라 성경을 통해서 인식하는 하나님 말씀이 하나님 말씀이라고 주장했다. 즉, '성경이 하나님 말씀이다'라는 표현이 아니라 '성경에 하나님 말씀이 포함되어 있다'고 자신의 성경관을 표현했다. 이 바르트의 성경관이 곧 WCC가 채택하고 있는 성경관으로 자유주의 신학자들이 동의할 수 있는 성경관 진술이 되었다는 점은 앞서 살펴 본 바와 같다.

그런데, 존 스토트는 성경과 성경이 증거하는 것, 성경이 증거하는 그리스도가 분리되는 것으로 보는 바르트와 유사한 성경관을 가지고 국제로잔의 기본문서인 로잔언약의 성경관 진술을 만든 것이다. 성경이 단언하는 것에 대한 판단이 단언하는 개인의 판단에 좌우되도록 하는 위험한 성경관 진술을 담은 것이다.

존 스토트가 가지고 있던 성경관의 틈은 그가 지옥에서 악인이 영원한 형벌을 받는다는 성경의 말씀이 명확함에도 불구하고 자신이 도저히 이해되지 않는다며 이 말씀을 믿지 않는 결과를 초래했다. 그는 성경의 명확한 근거에도 불구하고 악인 영혼의 소멸설을 주장했으며, 악인이 받을 영원한 형벌마 25:46인 지옥 심판이 실제로 영원한 고통이라는 것을 경고하는 설교를 일평생 공개적으로 단 한번 하지 않았다고 고백했다. 이러한 비성경적 주장의 원인이 된 것은 존 스토트 자신의 성경관이라고 필자는 판단하고 있다. 존 스트토 본인은 성경무오성을 선호한다고 표현하고 자신은 성경무오성을 믿지만, 성경무오성을 믿지 않는 사람들도 잘못된 복음주의자가 아니라 단지 일관성 없는 복음주의자라고 하며, 일평생 경계하지 않고 교제를 계속 했다.

로잔대회들을 신학적으로 또 문서로 주도한 존 스토트가 가지고 있던 이와 같은 성경관의 틈이 로잔 언약에 그대로 표현되면서, 로잔대회에 성경의 오류를 전제로 성경에 대한 고등비평을 수용하는 신자유주자들인 신정통주의자들까지도 자신들을 복음주의자로 자처하며 대거 참여할 수 있도록 길을 연 결과가 되었다. 그 결과 모든 성경을 하나님 말씀으로 보지 않는 신학자들이 성경에서 벗어난 선교 이론들을 전개할 수 있었다. 이들이 선교 개념에 영혼 구원의 우선성을 말하면서 사회적 책임을 모두 다하라는 비성경적 선교 개념을 섞이게 한 것이다. 그 결과 선교사역을 하고자 하는 사람들을 미혹시켜 사회적 책임을 다하게 하면서 복음 전도에 우선하는 선교 역량이 소진되도록 하여 성경적 선교에서 변질되도록 하는 커다란 폐해를 전 세계 복음주의 선교학과 복음주의적 선교사역들에게 주고 있다.[66]

존 스토트의 이슬람 포용

2007년 무슬림측의 'A Common Word'에 서명함 : 존 스토트 종교통합운동에까지 문을 열어주는데 힘을 보태고 최후를 맞이하다

66 조영길, 소윤정. 국제로잔의 총체적 선교 개념과 차별금지법에 관한 침묵에 대한 한국교회의 복음적 대응. 복음과 선교 64.4. 2023. 204-208.

존 스토트가 인생의 마지막을 향하여 달릴 때, 그는 이슬람을 포용하는 모습을 보여주었다. 2007년 11월 26일, 아랍에미리트연합, 아부다비에 있는 아부다비문화재단The Cultural Foundation of Abu Dhabi에서 열린 기자회견에서 무슬림 학자들은 저명한 복음주의 신학자인 마로슬라프 볼프Miroslav Volf박사를 만나서 그와 그의 동료에게 '우리와 여러분의 공통된 말씀'A Common Word를 지지한 것에 대하여 감사를 표했다. "우리와 여러분의 공통된 말씀"는 138명의 전 세계적으로 저명한 무슬림 학자, 지도자와 지성인들이 서명한 공개적인 편지이다. 이 편지는 무슬림 학자, 지도자들과 지성인들이 기독교와 이슬람 사이에 공통의 지반이 있다는 것과 이슬람과 기독교 사이에 중요한 공통분모이자 두 종교간 대화와 이해의 최선의 기초가 하나님 사랑과 이웃 사랑이라는 것을 만장일치로 긍정하는 모든 종파의 기독교 성직자들과 학자들에게 보내는 것이었다.

예일 신학교에서 헨리 라이트Henry B. Wright 교수의 신학을 계승하고 있으며 예일대학 '신앙과 문화 센터'Yale Center for Faith and Culture의 감독인 미로슬라프 볼프Miroslav Volf 박사는 위에서 언급한 '우리와 여러분의 공통된 말씀'에 대한 기독교인들의 지지를 자극하는 데 큰 역할을 감당했다. 또한, 그는 2007년 11월 18일 '예일성명서'the Yale Statement를 뉴욕타임스에 전면광고를 하는 데 큰 역할을 담당하였다.

그 광고에서 주목할 만한 특징은 전 세계 기독교를 이끄는 300명이 서명한 목록이었다. '예일성명서'에는 존 스토트와 릭 워렌 같은 수많은 저명한 복음주의 지도자들이 포함되었는데, 이것을 통해 기독교가 138명 이상의 무슬림 학자들의 노력에 격려를 보낸다는 것을 확실하게 보여주었다. 아울러 이 성명서는 기독교와 이슬람의 대표자들 사이에 미래의 신학적 계약의 도로를 건설하는 데 도움을 주었다. 이처럼 존 스토트는 이슬람을 포용하는 복음주의권의 선두적인 지도자로 인생의 마침표를 찍었다는 인상을 주고 있다.

1. Lemay, The Suicide of American Christianity, 110.
2. "300 Christian Scholars Support Muslim Peace Message", A Common Word, November 26, 2007.
3. 정천화. 존 스토트 신학의 정체성에 관한 연구. 국내박사학위논문 웨스트민스터신학대학원대학교, 2021.
4. 손현정. 기독일보. 기독교-이슬람 화해무드? 미국서 협의체 발족 이슬람측 제안에 릭 워렌 등 기독교측 응답으로 결정. 2008.3.12.

존 스토트의 동성애에 대한 입장:

율법을 어긴 것이 아니라 자연법에 위배되는 것이고, 동성애 성향은 선천적이라고 주장

존 스토트는 동성애 문제와 관련하여 성문법 규정이 있음에도 자연법에 위배되는 일탈적인 행위로 규정하면서 율법과 죄에 대하여 성경이 아니라 인간 이성에 해석의 공간을 열어줌으로써 존 스토트가 비판하는 동성애를 찬성하는 진영에 대하여 충분한 비판을 하지 못하였다. 또한 동성애 성향이 타고난다는 잘못된 전제에서 출발하여 논의를 전개하면서 '비판자들에 대하여 호모포비아라는 용어를 가지고 허수아비 논법으로 대응했다'는 비판을 피할 수 없을 것이라 여겨진다. 특히, 동성애 성향이 타고난다는 존 스토트 주장의 근거는 기독교에 적대적인 성의학자가 저술한 책에 있었고 최근의 연구에 따르면 이러한 주장들이 동성애 진영의 정치적인 기획에 따라 진행된 것이라 분석되고 있기 때문에 존 스토트의 동성애에 대한 입론의 토대가 상당히 빈약하다고 밖에 볼 수 없다.[67]

2010년 제3차 로잔 케이프타운 대회는 사회적 문제와 이슈들을 선교적 과제로 삼았다. '우리는 HIV와 에이즈를 안고 살아가는 사람들에 대한 모든 정죄 적대감, 오명, 그리고 차별을 거부하고 고발'하며, 이슈가 되고 있는 동성애에 대해서도 '그들을 올바로 이해하고 다루기 위해 노력'할 뿐 아니라 '동성애자에 대한 모든 형태의 증오, 언어적 물리적 학대와 낙인 행위를 거부하고 정죄한다'고 확언하였다.[68]

위와 같이 3차 로잔 케이프타운에서 이루어진 동성애에 대한 로잔의 입장과 선언들을 보라. 로잔의 동성애에 대한 입장은 존 스토트의 그것과 정확히 닮아 있다.

'차별금지법 바로알기 운동'으로 유명한 법무법인 아이앤에스의 조영길 변호

67 정천화. 존 스토트 신학의 정체성에 관한 연구. 국내박사학위논문 웨스트민스터신학대학원대학교. 2021. 179

68 김은수. 케이프타운 서약과 로잔문서의 선교적 성찰. 선교신학 50.- (2018): 43-67.

사는 신학대학원에서 수학중이며 교회의 장로로서 또한 전도사로서 사역하고 있다. 조영길 변호사는 아신대 소윤정 교수와의 공동저술로 발표한 '국제로잔의 총체적 선교 개념과 차별금지법에 관한 침묵에 대한 한국교회의 복음적 대응'이라는 제목의 논문을 통하여 국제로잔의 총체적 선교개념의 문제점을 예리하게 파헤치고 있다. 특별히 로잔의 동성애 문제에 대한 편향성과 차별금지법으로 인한 교회의 어려움에 로잔이 침묵으로 일관하고 있는 점을 지적하고 있다.

조영길 변호사는 자신의 논문에서 로잔의 동성애에 대한 모호한 입장을 다음과 같이 비판하고 있다.

> "국제로잔은 선교학뿐만 아니라 관련 신학들에 대하여도 세계복음주의자들의 연합활동의 중심으로 평가되고 있음에도 불구하고, 성혁명·차별금지법 제정 확산으로 인한 복음주의적 선교의 위협 및 복음주의 교회들의 교리적 변질과 배도 그리고 이에 저항하는 복음주의적 성도들의 신앙의 자유 억압의 문제들에 대하여서는 지난 50여 년간 일체 다루지 않고 침묵하고 있다. 동성애는 비성경적이라는 점과 동성애자들에 대한 복음적 돌봄과 인간적 차별에 대한 반대 의견들만 개진될 뿐, 복음주의적 성도들이 차별금지법에 의하여 동성애 등에 관하여 반대할 수 있는 신앙의 자유를 침해받고 있는 해악에 대하여 경계하고 반대하는 국제로잔의 어떠한 견해도 살펴볼 수가 없다."[69]

69 조영길, 소윤정. 국제로잔의 총체적 선교 개념과 차별금지법에 관한 침묵에 대한 한국교회의 복음적 대응. 복음과 선교 64.4. 2023.

차별금지법 제정으로 인한 복음주의적 성도들의 신앙의 자유 억압 문제에 대해 로잔은 지난 50년간 일관되게 침묵으로 일관하고 있다. 동성애는 비성경적이다라는 원론적인 답변과 동성애자들을 돌보아야 하고 차별하지 말아야 한다라는 것은 이야기하면서도 말이다. 로잔은 복음전파를 위한 여건 개선에 힘써야 함에도 불구하고 오히려 WCC와 유사하게 사회 정의와 인권 등의 문제에만 그 관심과 노력이 현저히 치우쳐 있다. 로잔의 이런 경향성도 창시자인 존 스토트의 신학과 성향에 맞춰져 왔던 것 같다.

이와 같이 존 스토트는 신학적으로 문제가 많은 인물임을 복음주의 진영에서는 알아야 한다. 존 스토트와 그의 제자 크리스토퍼 라이트에 대한 지금과 같은 무조건적인 신뢰와 추종은 큰 독이 될 것이고 또 지금까지 그렇게 되어 왔음을 이 땅의 교회들이 깨닫게 되기를 간절히 원한다. 로잔의 현재의 모습은 로잔의 설계자 존 스토트의 신학이 열매를 맺은 것이다.

IV

맺는 말

복음이 세상 문제 해결의 근본인가?

맺는 말

복음이 세상 문제 해결의 근본인가?

영남신학대학 안승오 교수는 2024년 3월 4일 기독일보에 기고한 '성공적인 로잔대회를 위해 숙고해야 할 사항들: 복음이 세상 문제 해결의 근본인가?'를 통하여 로잔의 근본적인 문제를 지적하면서 "죄 문제가 모든 문제의 근원이며, 복음이 그 모든 문제 해결의 핵심이다."라는 복음주의의 근본으로 로잔이 돌아갈 것을 주문하였다.

성경은 이 세계의 모든 문제의 근원을 '하나님과의 관계 단절' 즉 죄로 설명한다. 즉 하나님과의 관계를 단절하고 자신의 욕심을 따라 살려는 죄로 인하여 모든 문제가 발생한 것임을 말씀하고 있다. 로잔 3차 대회의 결과물인 케이프타운 선언도 이와 연관하여 "죄의 결과와 악의 권세는 인간성의 모든(영적, 육체적, 지적, 관계적) 차원을 타락시켰다. 이 타락은 모든 문화와 역사의 모든 세대에 걸쳐 사람들의 문화, 경제, 사회, 정치, 종교에 침투해 들어갔다"라고 진단한다. 즉 죄는 인간의 영적 차원뿐 아니라 이성적 차원, 육체적 차원, 사회적 관계 차원 등을 모두 파괴하는 것이다.

위와 같이 죄의 파괴력이 매우 포괄적인 점을 말하면서 케이프타운 대회의 신학위원장 역할을 담당했던 크리스토퍼 라이트Christopher J. H. Wright는 "하나님의 선교는 그분의 창조 세계 전체에서 악한 모든 것을 완전히 멸하는 것이다. 그러므로 우리의 선교 역시 성경 전체가 우리에게 주는 복음만큼 그 범위가 포괄적이어야 한다."는 주장을 펼친다. 이 주장을 통해 라이트는 죄의 결과가 포괄적이므로 우리의 선교도 포괄적이어야 한다는 주장을 한다. 이러한 라이트 등의 영향으로 로잔은 세상을 구원하는 선교의 핵심 본질을 복음화로 보는 관점에서 세상 모든 문제를 해결하는 일로 보는 넓은 의미의 선교 개념으로 보는 방향으로 가는 경향을 보인다.

그런데 모든 문제를 볼 때 항상 문제의 뿌리와 결과를 구분할 수 있어야 한다. 그래야 해결의 길이 제대로 열린다. 문제를 해결하려면 먼저 문제의 원인 진단이 선행되어야 한다. 그렇지 않으면 원인을 무시하고 증상만 해결하려는 의사와 같은 오류를 범하는 것이 될 수 있다. 불행의 원인을 해결하지 않고 그 증상만을 해결하는 것은 결코 근본적인 해결책이 될 수 없다. 성경이 말씀하는 대로 모든 문제의 뿌리가 죄의 문제라면 죄의 문제를 해결하는 것이 문제 해결의 핵심이 되어야 한다. 그리고 선교의 핵심 역시 문제의 뿌리인 죄 문제를 해결하는 일 즉 복음을 전하고 하나님과의 관계를 회복하도록 돕는 일을 핵심으로 삼아야 할 것이다.

물론 세상에는 다양한 문제 진단의 관점이 있다. 예를 들면 막시즘은 물질적인 불평등을 인류 불행의 원인으로 진단하고, 동성애 관점은 성을 포함한 모든 것을 스스로 선택할 수 있는 인간의 자유를 억압하고 차별하는 것이 인류 불행의 원인이라고 진단할 것이다.

그런데 기독교의 성경은 죄를 원인으로 진단하며, 이 진단에 따르면 기독교의 선교는 당연히 죄 문제 해결을 선교의 핵심 본질로 삼아야 할 것이다.

만약 선교에서 이런 기본적인 핵심 사항을 무시하고, 세상의 모든 문제를 다 해결하겠다고 나서면 선교는 핵심 본질을 놓치고 단지 복지운동, 인권운동, 평화운동, 환경운동 등으로 축소될 수 있다. 또 교회가 세상의 복지단체, 인권단체, 평화단체, 환경단체보다 전문성이나 재정 면에서 뛰어난 것이 아니므로 교회는 그런 일을 제대로 감당하지도 못하고, 동시에 교회만이 할 수 있는 전도의 사명도 제대로 감당하지 못하면서 죄 문제 해결을 통한 세계변혁의 사명도 못하게 될 수 있다.

로잔의 넓어지는 선교 개념을 보면서 과연 로잔에 "죄 문제가 모든 문제의 근원이며, 복음이 그 모든 문제 해결의 핵심이다"라는 확신을 지니고 있는지에 대한 의구심을 갖게 된다.

물론 로잔은 5천여 명의 세계 각국의 교회 지도자들이 모여 각종 이슈들을 논의하는 자리이다. 그런 점에서 매우 다양한 이슈들을 다룰 수 있다. 하지만 그 모든 이슈들은 복음의 눈으로 해석되고 해결책이 제시되어야 한다. 그래야 로잔이 진정한 복음주의 운동이라 할 수 있을 것이다.[70]

---

70 안승오. 성공적인 로잔대회를 위해 숙고해야 할 사항들: 복음이 세상 문제 해결의 근본인가?. 기독일보. 2024. 3. 4.

"WCC는 어차피 복음 전도에는 큰 관심이 없다. 갈등을 불러일으킬 소지가 있는 복음 전도를 피하면서 화해, 대화, 공존 등에 더 깊은 관심을 두는 경향이 있다. 따라서 복음 전도에 관심을 두고 그것에 헌신 할 수 있는 복음적인 진영에서는 로잔이 가장 핵심적인 선교 기구 중 하나인 상황이다. 그런데 로잔마저 복음 전도에 역점을 두지 않고, WCC를 따라 전도보다 세상 섬기는 것을 더 소중하게 여기거나 통전적 선교라는 관점 아래 이 둘을 동일환 목표로 간주하는 경향으로 간다면 기독교는 앞날이 더욱 어두워지게 될 것이다."[71]

안승오 교수는 최근 로잔운동에 대해 위와 같은 우려섞인 전망과 평가를 내놓았는데, 이와 같은 안교수의 전망은 이미 현실이 되어 있는 로잔대회의 절망적인 상황을 완곡한 학자적 표현으로 확인해 준 것으로 이해된다.

로잔운동의 잘못된 좌표 즉 통전적, 총체적 선교로 인하여 로잔운동의 앞날은 WCC와 마찬가지로 밖에 버려져 사람들에게 밟힐 맛 잃은 소금과 같게 될 것이다. 교회가 복음전파의 사명을 상실하면 아무 쓸모가 없어진 맛 잃은 소금과 같이 되는 것을 눈뜬 장님과 같은 교회지도자들이 알지 못하는 것이다. 오호라 보지 못하면서 본다고 하는 자들이여~~

교회는 오직 복음전도를 통한 영혼 구원을 유일하며 지상의 목표로 삼아 철저하게 재조직 재정비 되어야만이 교회의 정체성을 유지하며 살아남을 수 있을 것이다.

71 안승오. 로잔운동의 좌표와 전망. 기독교문서선교회. 2023. 307.

“너희는 세상의 소금이니 소금이 만일 그 맛을 잃으면 무엇으로 짜게 하리요 후에는 아무 쓸 데 없어 다만 밖에 버려져 사람에게 밟힐 뿐이니라” 마 5:13

“예수께서 대답하시되 내 나라는 이 세상에 속한 것이 아니니라 만일 내 나라가 이 세상에 속한 것이었더라면 내 종들이 싸워 나로 유대인들에게 넘겨지지 않게 하였으리라 이제 내 나라는 여기에 속한 것이 아니니라 빌라도가 이르되 그러면 네가 왕이 아니냐 예수께서 대답하시되 네 말과 같이 내가 왕이니라 내가 이를 위하여 태어났으며 이를 위하여 세상에 왔나니 곧 진리에 대하여 증언하려 함이로라 무릇 진리에 속한 자는 내 음성을 듣느니라 하신대” 요18:36-37

“예수께서 대답하여 이르시되 기록되었으되 사람이 떡으로만 살 것이 아니요 하나님의 입으로부터 나오는 모든 말씀으로 살 것이라 하였느니라 하시니” 마 4:4

“그러므로 너희는 가서 모든 민족을 제자로 삼아 아버지와 아들과 성령의 이름으로 세례를 베풀고 내가 너희에게 분부한 모든 것을 가르쳐 지키게 하라 볼지어다 내가 세상 끝날까지 너희와 항상 함께 있으리라 하시니라” 마 28:19-20

“또 이르시되 너희는 온 천하에 다니며 만민에게 복음을 전파하라 믿고 세례를 받는 사람은 구원을 얻을 것이요 믿지 않는 사람은 정죄를 받으리라” 막 16:15-16

"형제들아 내가 너희에게 전한 복음을 너희에게 알게 하노니 이는 너희가 받은 것이요 또 그 가운데 선 것이라 너희가 만일 내가 전한 그 말을 굳게 지키고 헛되이 믿지 아니하였으면 그로 말미암아 구원을 받으리라 내가 받은 것을 먼저 너희에게 전하였노니 이는 성경대로 그리스도께서 우리 죄를 위하여 죽으시고 장사 지낸 바 되셨다가 성경대로 사흘 만에 다시 살아나사 게바에게 보이시고 후에 열두 제자에게와 그 후에 오백여 형제에게 일시에 보이셨나니 그 중에 지금까지 대다수는 살아 있고 어떤 사람은 잠들었으며 그 후에 야고보에게 보이셨으며 그 후에 모든 사도에게와 맨 나중에 만삭되지 못하여 난 자 같은 내게도 보이셨느니라" 고전 15:1-8

"그리스도의 은혜로 너희를 부르신 이를 이같이 속히 떠나 다른 복음을 따르는 것을 내가 이상하게 여기노라 다른 복음은 없나니 다만 어떤 사람들이 너희를 교란하여 그리스도의 복음을 변하게 하려 함이라 그러나 우리나 혹은 하늘로부터 온 천사라도 우리가 너희에게 전한 복음 외에 다른 복음을 전하면 저주를 받을지어다 우리가 전에 말하였거니와 내가 지금 다시 말하노니 만일 누구든지 너희가 받은 것 외에 다른 복음을 전하면 저주를 받을지어다" 갈 1:6-9

읽는 자는 깨달을 진저...

로잔대회란 무엇인가?

발행일 2024년 9월 25일

신고연월일 2024년 3월 6일
지은이 기독교한국
펴낸곳 기독교한국
신고번호 제391-2024-000013호
주소 경기도 평택시 청북읍 안청로 4길 19 201,202호
이메일 yontaek@naver.com
전화번호 031-681-1391

ISBN 979-11-987043-2-0